組織の進化への
旅路をつむぐ

「ティール組織」の源《ソース》へのいざない

Invitation to the Source of "Teal Organization"

嘉村賢州
天外伺朗

内外出版社

まえがき

天外　伺朗

社会の進化というのは、比較的変化の少ないゆったりした期間と、急激に変容する期間があるようです。そして現在は、明らかに急変期に突入しています。

日本の場合には、明治維新と第二次世界大戦の敗戦という、外的要因にドライブされた大きなパラダイムシフトを二度経験しております。

比較的変化が少なかったように見える戦後の七十余年も、企業経営の分野を詳しく観察すると、「家父長型大家族主義経営」から「人間性尊重型大家族経営」に大きくシフトしております（西泰宏、天外伺朗著『人間性尊重型大家族主義経営』、内外出版社）。会社が徹底的に社員の面倒を見る代わりに滅私奉公を要求する「依存」が残った経営から、独立した個人の自主性が尊重されるオープンな経営への変容です。これは、その間に日本人の大多数が、「依存」を脱却して独立した自我を獲得していった、という証拠です。

その変化にほとんどの人が気づいていないのは、比較的ゆっくりと長い時間をかけた変容だったからでしょう。

社会の進化、あるいは企業経営の変容は、個人の意識レベルの成長・進化に支えられております。上記の戦後のゆるやかな変容に比べて、いまわれわれが直面している変容は、何ら外的要因がないにもかかわらず急激で、なおかつ明治維新や敗戦に匹敵するほどの大きなパラダイムシフトになりそうです。

なぜそうなるかというと、そのベースになっている個人の意識の変容のステップが極めて大きいからです。天外は、この変容を「人類の目覚め」と呼んでいます（天外伺朗著『実存的変容――人類が目覚め、「ティールの時代」が来る』、内外出版社）。

社会のあらゆる局面で大きな変化が予想されますが、企業経営の分野でこの急激な変容にいち早く気付いたのがF・ラルーであり、「ティール（青緑色）」という言葉で新しい組織運営のスタイルを表現しております（F・ラルー『ティール組織』、英治出版）。上記の天外の書籍のサブタイトルで「ティールの時代」と詠っているのは、F・ラルーの功績に敬意を表したかったためです。

F・ラルー『ティール組織』の英語のタイトルは、『Reinventing Organizations』（組織の再発明）、サブタイトルが『A Guide to Creating Organizations Inspired by the Next Stage of Human Consciousness』（人類の意識の新しいステージに触発された組織創造のガイド）になっています。F・ラルーも、「ティール」を支える意識の変容が、「人類の意識の新しいステージ」と呼ぶほど大きいことを示唆しております。

よくよく後から調べると、この大きな変容は社会の底辺で着々と進行していたのですが、それが企業経営の分野で顕在化して、少しずつ表に出てきたことにF・ラルーはいち早く気づいたのです。彼のたぐいまれな観察眼と嗅覚、分析力には驚かされます。

今後は、この大きな変容が企業経営以外のあらゆる局面にどう展開されていくか、興味が尽きません。

本書では、『ティール組織』の解説を書いておられる嘉村賢州さんを講師に、『ティール組織』が出版される11年も前から、世界に先駆けて実際にこの新しい潮流を開拓してこられた、ダイヤモンドメディアの武井浩三さん（現株式会社eumo取締役）をゲストにお迎えして、天外塾で開催された3回のセミナーの実録を中心に、この激しい変容を深掘りしています。

「ティール」というのは、決して企業経営の方法論ではなく、この「人類の目覚め」とも呼べる意識の変容に基づく「世界観」の大きな転換です。まずは、F・ラルーがこの世界観をどうとらえているかを探り、そのフィロソフィーを把握することが大切でしょう。

その上で、より実務的な観点で、日本の文化に合った「ティール経営」のあり方を探っていきたいと思います。そのためのひとつの礎として本書がお役に立てることを願っております。

本書の姉妹編として下記の6冊の本が出版されています。

①由佐美加子、天外伺朗著『ザ・メンタルモデル――痛みの分離から統合へ向かう人の進化のテクノロジー』、内外出版社、２０１９年8月
②武井浩三、天外伺朗著『自然《じねん》経営――ダイヤモンドメディアが開拓した次世代ティール組織』、内外出版社、２０１９年9月
③天外伺朗著『実存的変容――人類が目覚め、「ティールの時代」が来る』、内外出版社、２０１９年10月
④並木良和、天外伺朗著『分離から統合へ――「人類の目覚め」を紐解く二つの異なる切り口』、ナチュラルスピリット、２０１９年11月
⑤天外伺朗著『「人類の目覚め」へのガイドブック――「実存的変容」に向かう小さな一歩を踏み出そう』、内外出版社、２０２０年3月
⑥天外伺朗著『「ティール時代」の子育ての秘密――あなたが輝き、子どもも一層輝くための12章』、内外出版社、２０２０年6月

①は、由佐美加子が発見したメンタルモデルという深層意識構造を中心に、「ティール」に至る意識の変容の実態と、人生の中での位置づけ、具体的な変容のための手引きを書いております。
②は、この新しい潮流を世界に先駆けて開拓してこられた武井さんの苦闘と工夫の実録で

す。

③は、人間の意識の発達段階の詳細な説明、従来の深層心理学との関連、ティールの時代の予測、天外の実体験などが書かれています。

④は、チャネリング情報をそのまま語っている並木良和さんと学問的に追究している天外とで、人類がいま迎えようとしている意識の変容に関してほとんど一致していることが示されています。

⑤は、日常生活のちょっとした気付きから「実存的変容」に向かうという実用書です。

⑥は、「ティール時代」には、常識が一変するので、旧来の常識にとらわれている親や先生は子育てが困難になり、自分たちも変容に向かわなくてはいけない、という差し迫った提言です。

併せてご参照いただければ幸いです。

「ティール組織」金言集

2019年1～3月、嘉村賢州さんを講師にお迎えして、「ティール型組織運営：基礎編」のセミナーが東京の国際文化会館で開かれました。ここでは、その中からユニークな特徴をいくつか抽出し、天外がうがった解説をつけてみました。

はじめて「ティール」に接した方は、これらの言葉に大きな戸惑いを感じると思います。世の中の一般常識から大きく外れているからです。まず、その新鮮な「驚き」と共に、本書を読み進めていただければ幸いです。なお、それぞれの金言のさらに詳しい解説は14章に載せます。

『ティール組織』金言集 1

「計画や目標は怖れと不安から生み出される」

F・ラルーが発見したティール組織では、ほとんど事業計画がない。シミュレーションは行われるが、計画を立てて、その通りに実行しようとするティール組織はない。

　未来が予測できる、というのは錯覚であり、予測できないカオスの中で、その都度方向性を模索するのが自然。未来に対する怖れと不安があると、それを解消しようとして計画が必要になる。怖れと不安があまりないのがティール経営。

『ティール組織』金言集 2

「どうなるかわからないカオスの中に思い切って飛び込む以外にティール組織へ移行する手段はない」

『ティール組織』が人気を呼んでくると、「ティール組織に移行するための5つのステップ」などというセミナーを売り出すコンサルタントが現れそうだ。しかしながらそれは、未来を予測できるという錯覚に基づいた「予測・統制アプローチ」であり、クライアントを「ティール組織」とは真逆な方向に導いてしまうだろう。

　ガイドラインもなしにカオスに飛び込むと、つぶれるかもしれない、という「怖れ」がなくなると、ティール組織に移行しやすい。

『ティール組織』金言集 3

「静的に切り取ったティール組織の記述は、スルメを見てイカを語っているようなものだ」

ティール組織の神髄は、動的なダイナミズムの中にあり、切り取ることはできない。本に書かれたティール組織の記述は、全部スルメだ。スルメを知って、生きているイカをありありと想像できる人はまれだろう。そういう人だけが、本の知識だけでティール組織が実行できる。

『ティール組織』金言集 4

「メンバーがひとり増えるだけで、その組織の存在目的(Evolutionary Purpose)は変わるかもしれない」

上から降ろされて、ほぼ固定的な「理念」とちがって、存在目的は生命体としての組織が集合的に持っている方向性。決める、というよりは「発見」するもの。ダイヤモンドメディアのように、明文化されていないティール組織も多い。

『ティール組織』金言集 5

「ティールという言葉は、組織の発達段階を表すが、同時に個人の意識の発達段階でもある」

闇雲に「ティール組織」を目指しても無理。少なくともリーダーの意識レベルが「ティール」に達していないと実現できない。「ティール」に至る意識の変容を、「スパイラル・ダイナミクス」では、「ティア1（生存レベル）」から「ティア2（実存レベル）」へ、心理学では「実存的変容」と呼ぶ。

『ティール組織』金言集 6

「ティールには〝失敗〟という概念がない」

従来の経営では、事業計画を立て、それが達成できれば成功、達成できなければ失敗とみなされる。「ティール組織」では「計画」は立てないし、結果に執着しない。どんな結果が出てもそれを受容するので、それは失敗とはみなされない。

『ティール組織』金言集 7

「オレンジの経営は、売り上げや利益は上がるけれど、これからだんだん若い人が集まらなくなるだろう」

「ティール組織」というのは、目指すべき目標なのではなく、人類の意識が進化した結果自然発生的に出現した。当然、若者ほど先へ行っている。個人として「ティール」まで成長した人は「オレンジ」組織には就職しない。グリーン組織も微妙。

『ティール組織』金言集 8

「ティール組織に求められる全体性とは、鎧《よろい》や装いを脱いで素裸の状態」

「オレンジ組織」の人は「鉄の鎧」を着て戦っている。「グリーン組織」の人は「仲間を大切にする、やさしい、いい人」を装っている。当たりは柔らかいが、これも自分を守るための「真綿の鎧」だ。「オレンジ組織」では、その人が会社に貢献できる「能力」だけに焦点が当たっている。「グリーン組織」では、「いい人」かどうかに焦点が当たっている。

「ティール組織」では、弱さ、欠点、ネガティブな感情も含めて、その人のすべてをさらけ出すことが許される。「グリーン組織」の方が「ティール組織」よりも、争いは少ないかもしれない。

『ティール組織』金言集 9

「責任という言葉は、結果に対する執着から生まれる。執着が薄いティール組織では、責任が問われることはほとんどない」

責任という言葉は、失敗した時に「こいつのせいだ」とスケープゴートを作り、他の人にはあたかも責任がないようなストーリーにして、大勢の精神的な安定を得るためによく使われる。本来、失敗を誰か一人のせいにすることはできない。

「責任を取る」ということは、辞任するという意味になっているが、これも精神的安定を得るためのスケープゴート。問題の真因をそのままにして、誰かが辞めても何の解決にもならない。

本来「責任を取る」というのは、依存がなくなり、誰か人のせいにせず、言い訳もせずに、自立して「いま・ここ」に最善を尽くすことかもしれない。いつの間にか失敗した時に、人々が束の間の精神的安定を得るための「ハラキリ文化」になってしまった。
人々の意識が「ティール」に達すると、あらゆる結果を受容できるようになる。「失敗」と「成功」の区別がなくなれば、「責任」という概念もなくなる。

『ティール組織』金言集 10

F・ラルー「あなたが目的を見つけるのではなく、目的にあなたを見つけてもらえ！」天外「あなたがティールに向かうのではなく、ティールにあなたの元に来てもらえ！」

2019年9月にF・ラルーが来日し、嘉村賢州さんが主催して「ティール・ジャーニー・キャンパス」が開催された。右はその時の彼の言葉。左は、それを真似た天外の言葉。いずれも論理的には意味不明な詩的な表現だが、要するに、エゴから出たインテンション（意図）を超えたところに道が開ける、という話。

『ティール組織』金言集 11

「新しい未知の世界を開拓する時、方向性をはっきり指し示す『ソース（源）』と呼ぶ人をひとり定めるといい。『ソース』が交代するときは、はっきりと儀式を執り行うべき」

これも2019年9月のF・ラルーの言葉。スピリチュアルの世界で「ソース」という と宇宙の源をあらわし、そこから情報を得ることをチャネリングという。F・ラルーも、エゴや知識や論理的思考でリードするのではなく、より自然な宇宙の流れに沿った指導を意味していると思われる。

まったく同じ内容を天外も説いており、『CSO＝Chief Spiritual Officer』と呼んできた。

2019年9月16日のリトリートで、F・ラルーは日本における「ティール組織」の「ソース」として嘉村賢州さんを指名した（巻末資料1 参照のこと）。

目次

カバーデザイン　小口翔平＋岩永香穂（tobufune）
本文デザイン・DTP　小田直司（ナナグラフィックス）

1章

嘉村塾のイントロダクション

嘉村賢州さんとの最初の出会いは、天外塾の塾生が経営する隠れ家的なレストランでした。ちょうどアメリカから一時帰国していたソニーOBを囲んで、食事会を開いているところに、突然賢州さんが婚約者を連れて入ってきたのです。たまたま婚約者が、ちょっと前までこのレストランで働いていた、というご縁でした。

まだ『ティール組織』の出版前でしたが、賢州さんが解説を書いておられることは知っておりました。そこで、この当時はまだ誰も知らない「ティール」について、賢州さんにちょっとだけお話しいただきました。

この時集まっていたソニーOBたちは、私が事業本部長を務めていた時のコンピュータ関係の事業本部のメンバーで、自由な雰囲気でのびのびと仕事をしてきた侍ばかりでした。こういう侍たちをソニーでは、敬意を込めて「不良社員」と呼んでいます（天外著『人材は「不良社員」からさがせ』講談社）。

「ティール」の話を聞いた「不良社員」たちは、口々に「そんなことは、俺たちはとっくの昔からやっているよ」といいだしました。昔のソニーは、上下関係が希薄で実質上は「ティール」と同じような雰囲気の部署がたくさんあったのです。

この時の話を賢州さんは、『ティール組織』の解説の中に、次のようにお書きになりました。

「日本はさらにティール（進化型）のモデルを進化させる可能性さえあると感じるのだ。それはすでに紹介した日本にも現れ始めている様々な先進的企業を見ても理解できるし、

過去の日本企業の歴史を見ても感じることはできる。元ソニー取締役の天外伺朗さんにティール（進化型）のコンセプトを紹介したとき、昔のソニーこそまさにそういう文化だったとおっしゃった（『ティール組織』P566）」

『ティール組織』は、2018年1月末に売り出されると、たちまち7万部を超えるベストセラーになりました。

私は早速、嘉村賢州さんに講師をお願いして、天外塾の中で「ティール型組織運営：基礎編」というセミナーを開いていただくことにしました。本書は、その講義録がベースになっています。

なお、このセミナーの姉妹編として、ダイヤモンドメディアの創業者、武井浩三さんを講師にお迎えして「ティール型組織運営：実戦編」も開いております。2018年7月～9月に開かれた第1期武井塾をベースに、武井浩三、天外伺朗著『自然経営　ダイヤモンドメディアが開拓した次世代ティール組織』（内外出版社）という本も出版されています。

嘉村賢州プロフィール

東京工業大学・リーダーシップ教育院・特任准教授。場作り専門集団NPO法人「場とつながりラボ　home's vi」代表理事。コ・クリエーション（共創）プロセスを使って地域や社会に大転換を起こそうとする研究コミュニティ「コクリ！プロジェクト」ディレクター。

F・ラルー著『ティール組織』に解説文を書いており、その道の日本における先駆者として普及に努めています。2019年9月には、F・ラルーから日本における「ティール組織」の「ソース（源）」に指名されました。

1981年生まれ。京都大学農学部卒業。学生時代にマンションの一室（後に一軒家）を24時間、365日開放して、シェアスペースを作りました。メンバーの紹介を受けたら誰でもメンバーになって使っていい、というゆるいルールです。5年間で1000人のコミュニティができました。そこで、初対面の人が心を開いて涙を流して語り合うなど、彼が**「魔法の時間」**と呼ぶ原体験をされています。

これは『ティール組織』の用語を使うと、**「全体性が発揮できる場づくり」**ができた、ということになります。

その後彼は、東京で就職したのち、コミュニティ時代の仲間5人で起業します。完全フラットな、ティール的な組織を目指したのですが、議論を重ねても意見がまとまらず、1年で解散します。これは『ティール組織』の用語でいうと、**「グリーンの罠」**といわれるジレンマです。

それから、ファシリテーションで場作りをすすめる「場とつながりラボ　home's vi」（現在10人程度の組織）を立ち上げます。これは大成功で、京都市から「京都市未来まちづくり100人委員会」を受託するなど大活躍をされます。

このとき出会った、**OST（Open Space Technology**＝次ページ参照）という手法で、**「自己組織化」**という概念のすごさを体験します。これはじつは、「ティール型組織運営」のキーのひとつだったのです。

その後、企業からの需要が増え、年間150回ものワークショップをこなす人気者になるのですが、行き詰まりを感じてしまいます。それは、自分が寝る暇もないほど働いているときに、メンバーが仕事をしないで雑談をしていることにイライラしている自分に気づいたのです。OSTでは蝶と呼ばれる「おさぼりさん」を大切にしているはずなのに（下記コラム参照）、自分自身がそのフィロソフィーから外れてしまっていたのです。このままでは続けることは難しいと思い、1年間の休暇をもらって世界を旅して回りました。その時に、たまたま「ティール」に出会うという幸運に恵まれて、いまの立場を築かれました。

その他にも、先住民が先祖から代々伝わっている話し合いの文化にも興味を持っており、2018年にはカナダのユーコンテリトリー、ターギッシュ族やクリンキッド族を訪ねて、対話の知恵をもらうような旅をされています。

OST（Open Space Technology）の解説

アメリカのハリソン・オーウェンが開発した、創発的討議の手法。参加者が討議したい議題を自由に提案し、それぞれの場所で討議がはじまります。誰でも自由に好きな討議に参加できます。自主性が完全に保証されており、**蜂**（討議から討議へ自由に飛び回る人）、**蝶**（どの討議にも参加せずに、お茶を飲んだりしてゆったりしている人）などが推奨されています。

蜂を推奨することにより、退屈な討議の場からはどんどん参加者が減るという自然淘汰が起こり、逆に残った人は関心が高いので熱い討議の場になります。また蜂が飛び交うことにより、横の情報交換が推進され、全体の討議の有機的な活性化が図られます。

さらには、蝶がいることにより、この場全体が、完全に自主性が保証された「安心・安全な場」であることが全員に伝わります。

この手法は、参加者が何の制約も指示・命令も受けることもなく、誰にも遠慮せずに自分の思い通りに行動してよい、という**「自主経営＝self management」**、**「自己組織化＝self organization」**を実現しており、そのために個々の創造性がいかんなく発揮されます。この思想は『ティール組織』でも共通です。

2章

「ティール組織」の背景と歴史

〔解説〕

２０１９年１月18日（金）、国際文化会館で嘉村塾の第１講が始まりました。天外によるイントロダクションと、出席していたホワイト企業大賞企画委員（武井浩三、山田博、瀬戸川礼子、小森谷浩志）の紹介があり、嘉村賢州さんの自己紹介からセミナーが始まりました。自己紹介の要約は１章をご参照ください。この章は、それが終わったところから始まります。

実際に、F・ラルーに会っている賢州さんが、F・ラルーの人柄と彼がいかにして「ティール」と出会っていったかという経緯を語ります。これは、いくら『ティール組織』を読んでもわからない貴重な情報です。

『ティール組織』も、そのイラストバージョンも、F・ラルーが配信しているビデオレターも、アメリカでは定価がなく、買う人が任意の額を支払う、という方式（ギフトエコノミー）で販売されています（日本では通常の定価販売）。このあたりにも、F・ラルーの理想主義的な実験精神が見て取れます。

「ティール」というと、ヒエラルキーがない組織、と反射的に思う人が多いですが、F・ラルーは脱ヒエラルキーが念頭にあったわけではなく、むしろ「生命体」というメタファーを追いかけていました。世界中で特に変わった組織を探していたら、お互いにつながっているわけでも、学び合ったわけでもないに共通性がたくさんあることがわかり、それに「ティール」という名前を付けた、ということのようです。

セミナーの実録

嘉村賢州　では、そんな中で出会ったティール組織に関して、まずざっと概要をお話しできればと思います。

ティール組織を語る上で、やっぱりラルーさんの存在は欠かせないかなと思います。日本においてはちょっと一気にティールが広がり過ぎたこともあり、かなり表層的な理解と誤解のオンパレードでして、ティールといったらブランディングになるようになって来てしまっています。正しい、間違い論争をするつもりはないのですが、でも明らかにグリーンだなとか、明らかにオレンジだなということもあります。

そういう意味でせっかくの機会なので、しっかりと知ってもらいたい。そして、ラルーさんの人柄についてもお伝えしたい。

こういう人が書いたんだっていうことを知ると、ティールの本質の理解に繋がると思います。彼はですね、ベルギー人です。いまはニューヨークから6時間くらい行ったところにあるイサカヴィレッジというエコヴィレッジに住んでるんですけども、何故そこに住んでるかというと、今は家族との時間を大切にしたいと考えているからです。

ラルーさんにメールすると全部自動返信なんです。いまは家族との時間を大切にしたいと考えているからです。ティールに関しては世界中に一緒に探求している仲間がいるから、彼らに聞いてくれと。1週間返事がなかったら「Gently,No.」だと、っていうのが自動的に返ってきます。そういう人なんですよ。だから、あんまりティールでビジネスしたいとか思ってない……。

彼は、元々マッキンゼーのコンサルタントをしていて、その後、社長向けのコーチをするようになるんですね。その時に、ある違和感があった。社長というのは、物事を立ち上げる人なので、すごいヴィジョナリーで、エネルギッシュで、志が高い人が多い。だけど、ことごとく経営者が疲れてるし、何か怖れを隠してるし、何か本来のエネルギーを持ってない。逆に従業員を見てみると、いろいろな調査で従業員満足度を聞くと、ほとんどの人がやっぱりやりがいを持って働いていていない。

社長も従業員も両方とも幸せじゃない経済社会は、いったい何なんだと、違和感があった。それに対して何か解答を見出したいと思って、世界中に調査に行くことになります。

元々は、心理学とか歴史とか組織論とか様々な文献を当たって調べていったらしいんですね。ケン・ウィルバーの本ともそこで出会った。探求していくとどうも組織論に関わらず大きな時代ごとに何かメタファー、その時代を象徴する、よく出て来る言葉がある。

例えば『ティール組織』でいうオレンジの段階では、効率化や最適化とかインプットやアウトプット、能力を向上させるときに「磨く」という表現をしたり、機械のメタファーを使って物事を考える時代がありました。ある時代では家族とか仲間という概念が働く人々の中でよく話されていました。

メタファーっていうのが、時代時代にありそうだっていう仮説の中で、いろいろな書物を読んでいくと最近の本に共通して生命体っていうメタファーが結構出て来るっていうことに気づきました。いまの時代とか、これからの時代は生命体なんだっていうのをラルーさんは思って、それに当てはまる組織は何かないかなというのが探求のはじまりなんですね。

なので、ラルーさんは、脱ヒエラルキーが最初から答えとしてあったわけではない。脱ヒエラルキー＝ティールでもまったくないと思います。で、生命体のようなものを探していく上で、彼は、エクストラ・オーディナリー（普通じゃない）経営を探したんです。なんか変わっている経営をしているものをとりあえず教えてくれ、っていうような感じで集めた。

変わっている経営をしているっていうところを訪ねたり、メールインタビューとか、書籍が出ているものは書籍を調べてってていうのをやっていく中で、いくつか面白い組織が見つかった。その組織は、すごく人が輝いていて、かつお客さんにも圧倒的支持を得ていて、経済も回っている。だけど、いままでの組織論とはまったく違うやり方をしているっていうのが、A社、B社、C社、D社、見つかっていくんですね。

ただ、面白いことに、A社、B社、C社、D社はお互いのことを知らない。同じものを勉強したわけではない。だけど、20、30年試行錯誤の上で、何かユニークな方法に行き着いている。このA社、B社、C社、D社は極めて似ている、だけど、今までとはまったく違う、っていう事実に驚くわけですね。これは何か整理できるんじゃないかということで、ラルーさんが整理したのがこの本なんです。

彼は書籍で販売するつもりはまったくなくて、自分なりにそれは何なんだろうと探求しながら書いていくうちに、なんとなく1回書いても納得いかないものを、何回も何回も何回も書き直して、すごい納得できるところまである程度いったなというところで、影響を受けているケン・ウィルバーさんに思い切って送ってみた。

ケン・ウィルバーさんは大喜びで、すごいものを書いたねっていって仲間内にバーっと配信していくうちに広がっていったというのが、この『ティール組織』。じつは海外ではこの本の図解バージョン、日本でも発売されましたが、両方とも買いたい金額で買ってくださいっていう、定価をつけてないんですよ。アマゾンで買うと定価なんですけど、好きな金額払ってくださいっていうような形にやっています。ノープロモーションで世界で40万部以上売れているのですから、これは驚異的な数値です。

いまも本を読むだけでは誤解とか落とし穴だとかがあり、具体的なやり方みたいなのがあまり書いていないので、それを補足するビデオシリーズっていうのを、がんばって100本出そうとラルーさんがしているんですけれど、いま30本くらい出てるのかな（その後、2019年8月にすべてのビデオが完成し配信されました）。これも全部ギフトエコノミーで、払いたい金額払ってくださいっていう感じでやっているような、そんな人柄の人がやっているのがティール組織なんですね。

では、そのティール組織はなんぞやという話に行きたいと思います。読み切ったという方どれくらいいますか？

（参加者1／3挙手）

ありがとうございます。ちょっと前だと全然いなかったんですけど。

武井浩三：持ってるだけの方って？

（参加者大多数挙手）

あ、結構いますね。

嘉村　僕も翻訳チェックの時に、何度心が折れたか……。翻訳された方は本当にすごいなぁと思いながら読みました。

では、いまからざっとお話しします。ティールといえば、歴史の話と3つの特徴という話があって、それさえ押さえておけばティールの肝は押さえたと言えるので、ざっと行きたいと思います。途中わからなかったら遠慮なく質問してください。

まず冒頭に結構大事なことが書かれていますので、その話からしたいなと思います。

冒頭でアリストテレスの話が出て来るんですね。アリストテレスの時代に、アリストテレスが論文で、男性の歯と女性の歯を比べると男性の歯が多いっていう論文を書いて、これはずっと信じられてきたんですね。

いまから見るとバカじゃないのと。数えてみたら同じなんてことすぐわかるじゃないかということになるんですけど。でももしかしたら100年後の子孫から見た時に、私たちがやっている普段の組織のこととか、日々の仕事のこととか見たら、バカじゃないのって思われるようなことをやっている可能性ってありますよね。

それくらい時代が変わるとパラダイムが変わる可能性があって、それは意識していきましょうってことですね。

もうひとつは人体。1860年頃にある医学の研究者が、脳っていうのは3つありそうだと。神経細胞が頭と腸と胸にあるっていうのを発見したんですけれども、100年近くその論文がなかったことになっていたっていうか、参照されてなかった。

いまになって、やっぱり脳っていうのは1カ所だけじゃなくて、複数が自律分散的にやっていそうだという研究論文がいっぱい出て来始めた。これは何故だろうっていうと、たぶん今私たちが、一極集中で脳が指示しているわけではないと感じることができるのは、インターネットを経験しているからですね。

インターネットみたいに、トップが何かするという中央集権的なものじゃないものをいろいろ体験しているので、もしかしたらそうかもしれないなっていうのを理解し得るかもしれないですけど、1860年代でいうと、わりと物事は上から決まっていくっていうのが当然だったっていう時代には、3つの脳が並列的に機能するというのは想像すらできなかったんじゃないかと。

それくらい、世の中の考え方・仕組みと、その世界観っていうのは紐づいています。ということは、時代ごとにその世界観は変わるかもしれないし、私たちが日々やっていることが、ある世界観に閉じこもっている可能性があり、もしかして変わる可能性もありますよと。そこに想像を巡らしていきましょう、というのが、序文に書いてあります。

なので皆さんもぜひ、今私たちが何かのパラダイムにハマっているかもしれなくて、その先に何かがあるかもしれない、という好奇心で見ていただければなと思います。

本では7段階と書いてあるんですけど、最近は海外では5段階で表現されることが多いので、5段階で説明していきたいと思います。

人類が誕生して以来、ラルーさんは、組織の発展段階が5段階あるといいます。一番古いのがレッド。色で例えると、これケン・ウィルバーの個人の発達の段階を色で説明したのを活用しているんですけれども。簡単にいうと、いうこと聞かなかったら殴るぞ、殺すぞ、という世界なんです。ジャイアン、豪族、マフィアの世界ですね。これは集団を動かすのには手っ取り早いわけですよ。恐怖で集団を動かす。ただこれでは大きなことは成し遂げられないですよね。

次に現れたのが、アンバーなんですけれども。例えばピラミッドを作るっていうような公共事業をする時にですね、話し合っていてもラチが明かない。一番簡単なのは、身分が低いからやれ、というやり方なわけですね。こういう時代に、上意下達、指示命令系統、業務フロー、業務プロセスみたいなものが発明されて、エジプトのピラミッドのようなものが建つようになってくるっていうのが次の段階で。

ただ王様が寝そべっていてもピラミッドができた時代ならいいんですけれども、だんだん村と村、国と国、組織と組織が出会い始めると、いち早く武器を発明しないと負けてしまうわけですね。競争に勝たないといけない時代になっていくんです。

そこで求められるのが成長スピード。この時代をオレンジ。科学的マネジメントの時代という風にいわれているんですけれども、簡単にいうと、1時間当たりの労働力、生産量を測り始めた時代です。1時間でコップ10個作れたっていう中で、道具を変えてみたら12個になったと。あるいは、声掛けを恐怖でやってみても15個になったと。優しく掛けたら減ったりとか、そういうこともいろいろしながらやっていく中で、試行錯誤していった時代になります。

いまの世の中の書店で見られる経営書とか組織論の本は、だいたいこの時代にいろいろな試行錯誤をしながら発明した理論に満ち溢れているかなという風に思います。

この時代の最大の発明が、能力主義、実力主義といわれていて、要はがんばったら出世できるという仕組みを発明したことによって、その前のアンバーだったら、奴隷の身分で生まれてくるとどれだけがんばっても奴隷、逆にがんばらなかったら殺されるっていうものだったのが、がんばれば出世できるっていうことを発明した。ものすごくがんばりますよね、そしたら。

圧倒的な生産量の向上が見られたのがオレンジの時代の大発明。なので、みんなこぞってがんばり始めた。

生産力も相当アンバーからオレンジの時代に上がったと思いますけれども、デメリットもいくつかあるんですね。シンプルにいうと、ピラミッドの上の方へ上がれる人はがんばり続けるけど、上がれない人はどうでも良くなってきますよね。モチベーションが上がらないっていうのはあるかもしれません。

次に、変化の少ない時代なら良かったんですけど、変化の激しい時代っていうのは、ピラミッドの上の層は、やっぱり巨大な組織になれば現場と接することが少なくなるんで、社会の変化が掴みにくいんですよ。

その中で、一番社会と接している現場がいろいろなことに気づくはずなんですよ。ちょっと5年前と違うとか。で、いってみるけれども、承認プロセスの段階が多すぎて、伝言ゲームになる可能性がありますし、管理職は上がれば上がるほどリスクを避けたがるので、それは個人裁量で上げなかったりすると、全然伝わっていかないということはあるかもしれません。

だから、変化が激しい時代にこの一部で戦略ビジョンを作っているという危うさが出てくるっていうのがオレンジのデメリットですね。

３つ目の問題点、この時代のメタファーは機械ですので、まぁ人がどうしても部品なんですね。要は、スキルや機能で人を見るわけです。

採用の時もこのスキルが欲しい。例えば、ある会社の給与入力担当になったと。給与入力自体は素晴らしい仕事だと思いますけれども、30年間同じ仕事することになるわけですね。

だけど、その人は絵を描くことが好きかもしれないし、何か人とコミュニケーションを取るのが好きかもしれないし、子どもと関わるのが好きかもしれない。という、その人が生まれ持ったいろいろな好きなこととか、特性とか能力があるはずだけれども、１回そこにハマるとなかなかそれ以外できなかったりして、人生の大半を仕事して過ごすので、後年ですね、私は本当にこれやりたかった仕事なの？　ってこともあるかもしれないですね。

そういう、人間そのものをスキルの部品と見て一部だけでやっていくというのは、人間本来の持っているものを本当に使えてないっていう、その残念さがオレンジという組織にはあるっていうことです。そんな中でグリーンという組織が登場します。

オレンジの組織は社長に対して従業員という呼び方をする組織が割と多いんですけれども、グリーンの組織はほとんどそういう呼び方をしないですね。メンバーとかパートナーとか、キャストとか、当初のスターバックスだとかディズニーとかですね。役職つきで人を呼ばない。

要は、家族でしょ、仲間でしょ、と。だからニックネームや固有名詞で呼んだりもしますね。そういう組織は、意見があったら承認プロセスで挙げるとかじゃなくて、ざっくばらんに話しましょうよ。みんなで話し合えばいいものができますよ、という考え方なんです。

そういう組織は、対話が多かったり、ワークショップが多かったりですね。時には、お客さんを交えてマルチステークホルダー・ダイアログをして、商品を作ったりして。そういうことによって、オレンジの達成主義って、売上売上で、世の中が悪くなっても売れればいいんだっていう風になりやすいんですけれども、グリーンは、わりと社会にとって本当に必要なものを適切な市場規模で展開できているということはあるかもしれません。

同時に、いろいろなものに参画させてもらえるし、権限委譲してもらっているので、やりがいも上がっていくし、会社愛も深まってくるという意味で、すごいコミットが高まりますよね。そんな組織がグリーンです。

そこまでいうとグリーンはすごい魅力だらけの組織のようですが、デメリットもあります。ひとつ目は船頭多くして船山に上る。こうやって多様な価値観を大事にしようとやっていくと、やっぱり話し合いが長くなる。

それで、話したところで、決まらない時は決まらない。だから仲が良いし、切磋琢磨しているのに、なんで決まらないんだろう、なんで動けないんだろう、なんで社会にイノベーションが生み出せてないんだろうっていう、そんな矛盾感があります。武井さんも、よく昔とにかく腹割って話そうという組織を作ろうとして。

武井　「朝まで会議」っていうのを週イチはやっていましたね。

嘉村　やたらに話し合えばいい、という思い込みをなかなか手放せない。それがデメリットの1個目です。

2個目が、そうはいってもグリーンまでは少し階層が残っているといわれています。NPOだと、代表、理事長、理事とかですね。会社でも役員とか役員クラスとか。そういうのが残っているので、たくさん権限委譲をされているとしても、組織の大きな方向性は経営者が決めたり、大事な局面は経営者がパワーを発揮したりすることはよくあります。

こういう組織の口癖で多いのが、「うちの会社、ちゃぶ台返しが多い」と。よく出てきます。これは何かというと、社長って、こういう勉強会もそうですけど、いろいろな経営者と出会うじゃないですか。そうするといろいろなことを日々考えているわけですよ。いろいろな刺激もあるし、24時間365日経営のことを考え続けるって、常にいろいろな人と出会い続けている社長と、切磋琢磨ワークショップして、対話で話していると、どうしてもゆるく感じる、ぬるく感じてしまう。やっぱ違うと思うと。

こういう社長は思いも強いので、「いや、お前たち守るためにはそれじゃあかんねん」っていう風に思ってひっくり返しちゃうと。だから、悪気はないけれども構造的な問題なんですけど、結構そういう会社は、メンバーと上層部間に溝ができる。そんな組織が多いのがグリーンの組織の特徴になっています。

そんな中で、ラルーさんが世界中を見て回った時に、ほぼ上下関係をなくして、一人ひとりが自由に意思決定しているけれども、でも信頼のネットワークで繋がっている、全然いままでのパラダイムと違う組織がポコポコポコポコ生まれていると。これを、ティールと名付けましょうというのが歴史の話です。

その特徴として3つあるというのを、いまからお話したいんですが、この歴史のところで何か聞いておきたいことがある方いますか。

塾生2　これは、段階的に進化していくという考え方でいいんですか。レッド、オレンジ、グリーンっていうところを経て、このティールっていうところに段階的に成長していくっていう感じですか？

嘉村　これはなかなか正しく答えるところが難しいところです。ケン・ウィルバーの個人の発達の段階構造を、ラルーさんが見つけてしまった組織を説明するために用いてみたっていう話で。ケン・ウィルバーの話だったら段階を経て成長していく、超えるとまた戻らないと上がれないみたいな話なんですけど。組織に関しては無理やり当てはめているので、そう進化しないといけないんだっていう話は、ちょっとまだ言い切れない。

天外伺朗　ケン・ウィルバーというよりは、クレア・グレイブスのスパイライル・ダイナミクスだよね？

嘉村　そうですね。じつは。

天外　スパイラル・ダイナミクスっていうのがまた別にあって。ケン・ウィルバーがそれをパクって自分の本で書いているのを、たまたまラルーさんが読んだ。

嘉村　スパイラル・ダイナミクスっていうのは、そういう考え方なので、段階を経てっていうのを推奨はしているんですけれど。

天外　ただ、合わないんだよ。そもそも。人間のドロドロしたものをこうやってね、階層化すると絶対合わないわけ。ケン・ウィルバーは、これが合わない合わないって批判を受けるもんだから、モデルをどんどん複雑化しちゃってライン（領域）なんていうのを作ってね、12くらいの領域の、それぞれがこの発達階層で発達しているというのがインテグラル理論。もうわけがわからなくなってモデルとしては使いにくくなってしまった。

合わない、という批判は主として自我を超えていく「超個」の領域だから、自我の領域を議論するときにはケン・ウィルバーの古いモデルが十分に使える。あと、12の領域に分割するより、ＯＳに相当する「主軸的発達段階」とアプリに相当する個別の能力、たとえばチャネリング能力とか、法力とかを分けて考えた方が妥当なような気がする。

Ｆ・ラルーも、実質的には僕が定義した「主軸的発達段階」だけを問題にしているね。『ティール組織』では、本文の「主軸的発達段階」説と、ケン・ウィルバーが解説で書いている「12領域」説が矛盾している（巻末資料２参照のこと）。

嘉村　実際段階を作ると、本当にこの段階に縛られたりだとか、上の方が正しいんだとか、成長しなければならないっていう変なエゴとかも出始めたりするので、逆にティール的な感じじゃなくなっていくのかなというのは、日に日に感じています。

天外　いま実際に運営されている組織が、厳密にこのどれかに当てはまるかと見ていくと、必ずしも当てはまらない。だから、これを僕は参照モデルといっている。こういうひとつの参照モデルを参照ながら議論すると物事はわかりやすい。

現実の組織運営とはちょっと違う。例えばヤクザ組織がね、恐怖で支配しているかというとそんなことはなくて、もう情で支配しているのね。そこに一番基本にあるのは依存関係なの。親分・子分の依存、共依存というのがあるわけ。恐怖もあるんだけど、恐怖だけじゃないのね。それを恐怖と言い切っちゃうから、システム化できるわけだけども。そうして細かく見ていくと全部違うっていう感じ。

嘉村　本当にそうですね。日本の歴史を見ても全然この通りではないですしね。考える思考のヒントとして使うべきだなという風に思います。
　ほかに何かありますか？

天外　歴史の時にさ、スパイラル・ダイナミクスもケン・ウィルバーもF・ラルーも、共通してある仮説を信じているね。それは、ものすごく長い人類の歴史における意識の進化の階層構造と、ひとりの人間がおぎゃあと生まれてから意識が発達していく階層構造がまったく同じだっていうのがポイントなんじゃない？
　それを同じだと仮定するもんだから、いろいろな議論ができるんだよね。歴史がわかると個人もわかるし、個人を観察していると歴史が読み解けるという。それは本当にそうかどうかわからない。他にピアジェなんか同じことをいっているんだけれども、必ずしもそれを鵜呑みにしない方がいいと思う。でもこれを前提とした理論になっているというのは知っておいた方がいい。

嘉村　ありがとうございます。ちなみにケン・ウィルバーは海外では超有名人で、映画マトリックスの監修役もやっている人で、海外では女優とか俳優とかがすごく憧れの存在としているくらいの著名人だったりします。日本では全然有名じゃないです。

3章

「ティール組織」の三要素

「ティール組織」の三要素、**自主経営**（Self Manegement）、**全体性**（Wholeness）、**存在目的**（Evolutionary Purpose）について語られます。いずれも誤解を生みやすい概念ですが、賢州さんが丁寧に説明していきます。

「ティール組織」の特徴のひとつに、物事を決めるときに、「承認」も「会議によるコンセンサス」も不要で、勝手に決めてよいが、ただひとつ関係者のアドバイスを求めなければいけない**「助言プロセス」**があります。『ティール組織』発売前に、賢州さんがソニーOBの集まりにたまたま参加した時に、OBたちが口々に「俺たちは承認なんか取ったことはない」と息巻いたエピソードが語られます。

存在目的は、理念のように固定したものではなく、生命体としての組織が持っている方向性であり、融通無碍に変化します。決める、というよりは発見するもののようです。

全体性というのも説明しにくい概念ですが、安心・安全な場ができていて、メンバーが鎧や装いを解いて「素」の状態で過ごせる。あるいは、仕事に必要な能力だけを発揮するのではなく、ありとあらゆる能力やエゴや感情や弱みも含めて、自分の全存在をさらけ出す、という感じでしょうか。

お互いに情動を抑圧せずに、弱みも見せあえる組織は強い、というのは最近ではよくいわれています。

セミナーの実録

嘉村 ラルーさんが、様々な企業を調査してまとめたティール組織です。よくIT企業ならできるんじゃないんですか？ とか、スタートアップならできますよね？ っていわれるんですけど、調査対象は全然違うタイプの企業です。

訪問看護の組織もあれば、ネジ会社とかですね。トマトケチャップとか、自動車会社とか、一番大きいのは4万人の電力会社もあったりとかっていう、歴史も古い会社もある・・といったところが事例として取り上げられています。

そのティール型組織の特徴のひとつは、生命体的な組織。それを探していったんですね。その中で共通する3つの特徴があります。日本語では、**自主経営、全体性、存在目的**、英語では、"Self Manegement , Wholeness , Evolutionary Purpose ですね。簡単に3つ説明して、そして詳細を見ていきたいと思います。

自主経営は、これよく勘違いされるのは、自分を律することができて、ちゃんとマネジメントできる人の集合体ですよねっていう。個人がちゃんとセルフマネジメントできることですよねっていう風に捉えがち。

だから、よくある勘違いは優秀な人しか成り立たないですよねって話なんですけど。そういう意味はまったくないです。ラルーさんがここでいっているのは、階層構造を手放した、いわゆる上下関係で物事を動かすのを手放したっていう組織構造。一人ひとりが自由に意志決定できるような組織を自主経営といっています。

2番目の**全体性**（Wholeness）ですけれど、これはかなり説明しにくいんですが、さっき給与入力担当の話をしましたけれども、ティール組織では複数役割大歓迎だったりします。何よりもっと大事なのは、いまの組織っていうのは論理的だとか、合理的とか、理性とか、説明責任とかをすごく大切にされると思うんですけど。感情って逆にいうと大事にされないんですね。

お金貰ってるんでしょ？　プロでしょ？　泣き言いっているんじゃないっていわれるわけですね。でもティール組織は、感情こそがその人がその人らしく働けるヒントでしかなくて、そこにメッセージを聞きましょう、っていう感情も大事にします。それ以外のものも大事にするっていう人間の持っているすべてのものを使っていきましょうねっていうのが、全体性です。

次は**存在目的**。簡単にいうとF・ラルーが調査したティール型組織で、中長期事業計画のようなものを持っている組織がほとんどなかったんですね。目標っていうものを持つことが、現状起こっていることを色眼鏡で見てしまう原因になるっていう。

なので、ティール型組織は、臨機応変に組織形態も事業内容もコロコロコロコロ変えながら進んでいく組織が多いっていう、そんな特徴も持っているのが存在目的。

この3つが見えてきた特徴です。決して事例に挙がっているものが3つとも持っているわけではなくて。ある組織は、自主経営だけでしたり、ある組織は、全体性、存在目的だけですすんでいる。3つとも持っているのは稀有というか、ほとんどないと思います。これからは出てくるだろうという予測はしています。

天外 吉原史郎の本(『実務でつかむ! ティール組織』、大和出版)だとさ、Evolutionary Purposeを「進化する目的」っていってるよね。訳語がちょっと混乱気味…?

嘉村 ここは翻訳チームが決定したものを使っています。本が出る前、僕と史郎君は「進化的目的」とずっと言っていました。

天外 あ、そうなの。

嘉村 そうなんです。訳者の方がすっごい悩んだ挙げ句、存在目的ってして。evolutionaryにも日本人が読む進化っていうほど強いイメージはない。

武井 この感覚だと、「生み出される目的」っていうニュアンスで、進化っていうといまあるものが変わっていくような……。ただ、目的をそもそも最初に決めずに生まれてくるっていう生命的なわけで。生まれてそれが成長していくっていう感覚なので。多分そういうことですよね？

嘉村　まさにそうです。

天外　でも生命体は目的なんか持っていないよね。ダイヤモンドメディアもないよね。理念もない。いまのところ。

武井　ないですね。ただ、事業をやっているっていうことは、それの目的というか、対象物があるわけで。それが何なのかっていうことはみんなで少し議論していて。僕らにとっては、目的って別に言葉にしていようがしていなかろうが目的なわけで。それが、すごく変化してたんで、言葉にすると、すぐ実態とズレていっちゃったので、言葉にしない方が扱い易かったっていう状況だったんですね。

でも最近事業の方向性がだいぶ定まってきて、そろそろ言葉を作った方が便利なんじゃないっていう議論も出ています。

嘉村　実際ティールの事例でも、言葉化している組織もあれば言葉化していない組織もあったりします。ただ、言葉化している組織も変更することが多かったり、トップが作るんじゃなくてみんなが作るだとか。いわゆる世の中でいう理念、ビジョンとは毛色が違うなっていう感じです。

天外　どう違う？

嘉村　理念、ビジョンは固定化しているものが多いですよね。変化が少ないっていうのもありますし。経営層が決めるっていうこともあったり、参画性が少なかったりするので。毎日暗誦はしているけれども、全然日々の仕事に活用されていないっていうような。日々の仕事とくっついていないものとしてなっちゃっているのが多いかなと。

最初にギリシャでティールの会議に出た時に会ったイギリスのジョージという人にこう言われました。「組織は子どものようなものです。子どもを産んで、そして子どもが成長していく上で、子どもの将来を親が決めませんよね？　ただ親は、どこに行きたいんだろうな？　って思いながらも、適切なサポートをするというか、そういうことはできるかもしれないけれど、決めるのは子どもですよね」というようにいわれて。

組織も経営者がこの世に生み出してしまった瞬間に、その理念、ビジョンとか、存在目的は、経営者が決めるもんじゃないんです。そこがどこに行きたかったのかっていうのは寄り添って探求するっていうことしかできない、ってジョージからいわれたので、ちょっと存在目的を理解する上で役に立つかなと思います。

この存在目的は後ほどまた説明しますんで、進めて行きたいと思います。

セルフマネジメントなんですけれども、先ほどもいいましたように自分を律するみたいな意味はほぼない。組織構造の話ですよということで、じつは世の中には、人間社会がやっているような統制型のマネジメントじゃなく、物事が動いてるって結構ありますよね。

例えば、脳のニューロンなんていうのも、誰かが指示命令しているわけではないですし。またグローバルな社会や経済ですよね。これもいろいろな思惑とともに流れていっている。あとは鳥の群れですね。鳥の群れも常にトップを飛ぶ鳥は入れ替わりながらシンプルなルールで動いていっているっていうくらい、じつは統率型じゃないっていうのは、じつは社会に、自然界に溢れているんですね。それに知恵があるんじゃないかっていうところはあります。

ティールでいうセルフマネジメントが上手く現れている例のひとつが森ですね。

森には、動物がいて、植物がいて、微生物も昆虫もいて、いろいろな生命がいます。例えば、その森に指導的な役割の動物がいて、こう言ったとします。

「皆さん待っててくださいね、私たちが冬が来たらアナウンスしますから、そしたら一斉に冬支度をしましょう。待機しておいてください」

だけど、自然界って、冬っていつ来るかわかんないんですよ。いつもより早く冬の厳しさがやって来るときもあれば、遅くやって来る時もあれば、すっごい厳しい冬の時もあれば、緩やかな時もある。読めないですよね。自然界が何をやっているかというと、太陽の高さなのか湿度なのか、風向きなのかわからないですけども、何かそういうものを微生物なり、昆虫なり、植物なり、動物などのうち、キャッチしやすいセンサーを持っているのがつかんで、形を変えるのか動きを変えるのかわからないですけどやっていく。

身の回りのそういう変化が起こり始めると、なんか冬が来たのかもしれないといって、また次の動物が変化をしていって、いつの間にか森という生態系が全部冬というものを乗り越えて、また春になっていくということをやっている。

ただ、人間社会はどうかと。「係長！　今日の打合せのクライアントの話っぷりからみると、どうも冬が早く来そうな気がします。対応した方がいいと思うんですよ、僕は」とかいうと、またひとつの事例を取り上げてお前はいつもそうだ、と。お前の勘違いだと思うから、次あったらいってくれ、みたいな感じで、そこでシャットダウンされることもありますし、書面で上がっていって、その変化のエネルギーが伝わらずに伝言ゲームの中で伝わらなかったりするし。一応上がったとしても1カ月後に、それは大事なご意見だって冬支度をすることに決めました、って時に1カ月過ぎてたりとかですね。

そういうことが起こるのが、人間社会の組織論かもしれないですね。そうした時に、どっちが自然なんでしょうと。どっちがじつは複雑な世の中に適応できてるんでしょうと問いかけた時に、この自然がやってる一見複雑だけどもシンプルなこのやり方が、人間ができないはずはないっていうことを、ティールの世界観では追いかけていっていると思っていただければな、と思います。


では、そのためにいろいろな仕組みがティール組織ではやられているんですけれども、一番象徴的なのが、意思決定のやり方が、グリーンまでとは全然違うというところがありますので、そこをお話ししたいと思います。

アンバー、オレンジ、グリーン。ティール以前の組織で物事が決まっていくという時には、主にふたつのアプローチがあるといわれています。

ひとつは、階層的（Hierarchical)。要は承認を貰うってやつです。上司、部署のリーダーでもいいですし、何かしらの階層の縦のラインで意見を言って、ＯＫが出たら動けると。だから、上に判断力があれば素早く決定するし、なかったら結構時間がかかる。これが、よく上長に聞くってやつですね。これが、ひとつの意思決定の方法。

もうひとつが合意（Consensus)。簡単にいうと、会議にかけますってやつです。会議に持っていって、こういうことやりたいんですけど、と提案する。会議だったら全員が納得したら決めるっていうこともあるかもしれないですし、その中の上長が決める時もあるかもしれない、多数決もあるかもしれない。会議にかけることによって、ＯＫを貰って動く。当たり前にやってますよね。皆さん。

ティール組織では、このふたつをほとんど使いません。その代わりよく使われているのが、日本語の方では、助言プロセス、英語では、アドバイスプロセスといわれているものです。これは何かというとですね。組織に所属するメンバーは、ハサミを買うとか、

100万円の予算をつけるとか、何かの教育を外部から講師を呼んで学ぶとかもあるかもしれないし、人を雇うっていうこともあるかもしれないし、あるいは自分の給与も含めて、全部自分で決める権利があります。

ただ、決める前にふたつやることがある。ひとつは、その決定に専門性が高そうな人にはアドバイスを求めましょう。求められた方が真剣にフィードバックしてください。もうひとつは、その意思決定に影響がありそうな人にもアドバイスを求めましょう。それも真摯にフィードバックが来ます。返答が来ます。そしたら、提案者は、その返ってきたアドバイスを真剣に配慮しなければならないが、自分で決めていいっていうのが助言プロセスです。

この仕組みだったら組織に他責が生まれようがないってわかります？　うちの上司は頭が固いから何度いってもやらせて貰えないんだってことはいいようがない。やったらいいから。

この話をすると、すごいドライな組織ですよねっていう風にいわれるんですけど、まったく逆で。場合によってはすごく経営に影響するようなものを決めるので、それこそ、提案したことによっていろいろなアドバイスがちゃんと来るような組織じゃないと、絶対に機能しないですし。

だからこそ情報も透明性が高くないと、一部の情報でそんな大きなことを変えられてしまったら破綻しますし、情報の透明性と組織内の信頼性とかカルチャー。失敗した時に励まし合うカルチャーがないと、ほぼ入れられない。だから、そういうようなカルチャーとともにこういうアドバイスプロセスが入っていると。

僕はギリシャに行って学んだ時に、カンファレンスの参加メンバーでスウェーデンの会社だったんですけど、彼にどういう風にやってるの？って聞いたんですね。情報の透明化が重要なので、こういう風な情報を一覧する経営数値とかも全部載っているようなのが全社に共有されているんだと、ダッシュボードという画面を見せてもらって、話をしてたんですね。そしたらポコっとですね、給料を上げたいというアドバイスプロセスが走ったんですよ。

月いくらだったか忘れましたけど、それなりの金額。次上げたいっていうのが来て。あー来た来た、アドバイスプロセスって、彼はいっていました。その2日後にですね。あれどうなったの？　って聞いたら、「無事決まったみたいよ、給料アップ」、みたいな感じで返ってきました。それぐらいのスピードなんですね。日本の組織で、ある人が急に給料を上げたいっていい出してどれくらいで決まるのかって比べて、スウェーデンの会社は2日で決まったっていうことが起こっていて、衝撃を受けたんですけども。

それがアドバイスプロセスです。

天外　大企業に勤めたことがある人は、ちょっと似てるのはあるんだよね。「根回し」という。上手く作動している時には、まったく同じような作用をする。ただ最後には形式的なディシジョン会議っていうのはあるけれども、一応会議の前にほとんどの場合は決まる。

ただ、日本の場合は、ちょっといやらしいこともたくさんあって。
最近はどうかわからないけれども、昔、僕らの頃だと「俺聞いてねぇ」っていう反対がある。内容に関わらず、「俺聞いてねぇ」と反対する文化。「俺聞いてねぇ」ということをいわせなければ、だいたい上手くいくという。それで根回しをするという文化はあったけれども。だいたい実質上は根回しの時に決まるから、ほとんどこのアドバイスプロセスと同じなんだよね。決定のところは別にして……。だから、日本人にはあまり違和感はないかもしれない。

嘉村　初めて天外さんとお会いした時にね、ソニーの古株の皆さんの飲み会にたまたま遭遇したんですけど。その時にこのティールの話をしたら、俺たち承認なんてもらったことないよな、って。全部勝手に取り付けてきて、あとから報告するだけで、取ったことないよって。凄まじい武勇伝の数々。

天外　それはね、たまたま僕の昔の仲間だから。いわゆる敬意を込めて「不良社員」と呼んでる連中の集まってる席だったからね（注：天外著『人材は「不良社員」からさがせ』講談社）。事業本部長時代、僕は不在がちだったけど、ハンコは机の上に転がっていたからね、みんな勝手に押して出していた。デシジョンの遅れはないし、こちらも細かい案件にいちいち目を通さなくていいから、楽ができる。ソニー全部がそうだったわけじゃない。
まだ『ティール組織』が発売前で、賢州さんが解説を書いてるってのは聞いてたから、賢州さんちょっと喋ってよっていったら、なんだ、そんなこと今頃いってるのか、俺らはとっくの昔にもうやってたよ、って全員がいい出してね。何せ「不良社員」だから素直じゃない（笑）。

嘉村　でも盛り上がりましたよね。それができたら素敵ですよね。ティールは逆にいうとそういった人たちだからできるという段階から、組織のメンバー全員がそうあれるというのを目指しているのかもしれません。

天外　だから、形式的な組織構造はともかく、実質的には、それに近いことをやってたところは多いけれども、それをこうやってオフィシャルに名前をつけて、形式化して、会社の組織形態まで変えてくっていうところがポイントでね。ソニーは、実質的にやってるところはたくさんあったわけ。だから上手くいっていたんだけども。でも1995年に経営者が変わったら本当に変わって、オレンジというよりアンバーに近くなっちゃって、うつ病がいっぱい出てきて、大変な低迷の時期が20年も続いた。

そうやってトップが変わってもコロッと変わらない仕組みみたいなものが、やっぱりこれから工夫しないといけない。このセミナーはそのためにあるようなものね。自主的には結構やっていたところは多い。それが、ちゃんと形式として残るように持っていかないと、結局人が変わると元の木阿弥になっては何にもならないよね。

嘉村　ザッポスのトニー・シェイがですね。２０１４年にこのティール組織が発売された時に読んで感動したんですね。ザッポスっていうのは、元々それ以前からすごくマスコミに取り上げられるくらい、社員は楽しそうに働くし、サービスが圧倒的に素晴らしいというので広まってたんですね。

　トニーは、読んだ後にいうわけですよ。ティールにしたいと。結局ホラクラシーを入れようとしたんですよ。入れようとするんだって時に。トニーは相当頑なだったらしいんですよ。入れるのに。それは、確かにみんな幸せで圧倒的なサービスをしているけれども、とはいえ、コミュニケーションが得意で前のめりの人にとってのものだと。だけど、自分はこの会社の小さな声の人も自分なりに活躍して欲しいと思った時にまだそれができているとは到底思えないから、俺は絶対やるっていうような感じで。すごい反発があったらしいんですけど、十何パーセント辞めたっていうこともいわれてるんですけど、やることに決めた。それは、仕組みとして担保したかったということですね。以上がセルフマネジメントの説明です。

天外　導入は結構トップダウンだったんだね。

嘉村　そうですね。続いて、**全体性**（Wholeness）です。全体性っていうのは、ひとつは、人間丸ごとっていう風に思ってください。人って本当は自分とか他者への思いやりとか地球への思いやりとか、わりと深い愛情もあるし、表面的なエゴみたいなものもあって当然です。

さらに、何か物事を成し遂げていくときに、性別を超えて力強い男性的なものと、何か人の繋がりとか、輪とか、穏やかさとかそういうのを持った女性的なものを人が持っていると思います。

いまの企業、ビジネス文化でいうと、わりと男性性のところが必要とされやすいところはあります。さらにいうと、人っていうのは理性的であったりとか、感情的であったりだとか、直感とかスピリチュアリティとかをみんな持ってますけれども、先ほどもいいましたように、感情なんてお金を貰ってるのに出すなよ、プロでしょ、っていわれたりとか。

直感なんか言語化しにくいので、もっと文章にして示しなさいとか。もっとエビデンスはないのか。なんていわれたりするわけですね。そういう理性的なものが結構評価されやすいっていうものが職場では多い中で、これは、その理性だけしか出さずに職場人生を終えた時に、本当に私はこれで生きていきたかったのかっていうのが悩んでいるような光景なんですけれども。

ティールの世界観では、安心・安全な職場を作ってもう全部出そうよと。それが本当に人の持っている可能性でしょっていう。感情も出しやすくするし、直感もいえるしっていうような全部をいえる安心・安全な職場を作る。安心・安全に全部を出すことが組織にとっても良いんじゃないですかと。

究極そこまで行くと、勝手に、いまのは「自分の全体性」なんですけど、外の全体性とも繋がっていくというところまでティールは入っています。ギリシャの人たちがいっているのは、これからは一人勝ちの時代じゃないんだっていっているんですけど。例えば人が本当に安心して、その日々を送れている時、家族の誰かが不幸せなのに自分が幸せっていうことはあり得ないし、職場の誰かが苦しみながら残業しているのに、気軽に帰れるっていう人はいないだろうし。自分の国だけ良くて他の国が堕ちればいいっていうことも、本当にその人が安心・安全に生きていけば、自然に思いやりみたいなものが生まれ始めると。

だからティール組織において社会的な活動はビジネス戦略上CSRをやっておきたいから、戦略上トップから降ろすとかではなく現場から溢れ出すようなことをいっています。そういう自分の全体性と外のシステムの全体性自体が満たされていくというところまで、ティールは語っているところになります。というところを何としても実現していきたいね、というのがWholenessです。

4章

個人の全体性と組織の全体性

〔解説〕

『ティール組織』で最初に語られる「全体性」は、個人が鎧や装いを解いて自らの裸の姿を職場で平気でさらす、あるいは自らの様々な側面を表に出して組織に貢献する、などの意味です。一方、組織の「全体性」というと、個々の思惑を超えて生命体としての組織全体、あるいは人類社会全体として最適化に向かう、などといったニュアンスがあります。

このふたつの「全体性」の関係を、森のメタファーを含めて突っ込んで議論しました。結論的には、スパイラル・ダイナミクスでいう「ティア1」から「ティア2」に意識が進むと、人は「メタ認知」を獲得するので、生命体としての組織の視点で見ることができるようになる、ということがわかりました。

セミナーの実録

天外　個人の全体性と、組織の全体性の繋がりが多分、なかなかわかりにくいと思うんだけど。なんか上手い説明ない？

嘉村　上手い説明かぁ。

塾生3　いま思ったのが、Wholeだと、自分のプライベートの話とかもします。そうすると、例えば、いま私自身元気良く働けていないのは、家にいる嫁が元気ないからだみたいな。じゃあ奥さんという外の存在をなんとか考えていかなきゃね、みたいな。なんとなくそういうイメージで捉えたんですけど。

嘉村　そこは繋がっていきますね。繋がりを説明する時によくいうんですけど、人間ってまず子どもが生まれた時に、初めて自分とは違う他者の不幸とか幸せを自分のものとして思える原体験をしますよねって。その感覚が本来安心・安全でプライベートもさらけ出したら、縁があって出会った仲間たちには、そうなるはずなんです。その繋がり意識で、お互い個人の幸せも応援しあうし、組織としての存在意義も探求していった時に、その存在目的が立ち上がるというか、っていうものになるんです。子どもと親の一体感みたいなものの組織バージョンみたいな。そんなものがあるといいですね、っていう感じに思うんですけれども。

天外　オレンジだとさ、基本的に能力を持ち寄るわけだよね。人々の能力を持ち寄る。だからその人の能力に着目した組織になっている。私は「べてるの家」（北海道にある精神障害などをかかえた当事者の地域活動拠点）に毎年通っているんだけど。「べてるの家」っていうのは、一応営利組織なんだけども、能力っていうのはまったく着目していなくて、存在を認めている。その人の存在に価値があるというところを認めているわけだよね。幻聴さんがしょっちゅう来るわけだから、幻聴さんが来たら寝っ転がっちゃたりして、「安心してサボれる会社づくり」というスローガンがあるくらい。でもその存在に着目した、存在に価値を見出す組織と能力に価値を見出す組織の差みたいなものがちょっと関連しているかどうか。でも今の疑問に対する答えにはなっていないんだけどね。ただちょっとひとつのヒントになるかなと。

嘉村　なると思いますね。確実にオレンジとの違いはそこです。スキルとか能力って、機械・パーツとして見ているのか。存在として、縁があって出会って、存在をすべて肯定して繋がっていくということですよね。

よく僕がティール的なものを応援させていただく時にいうのが、ある組織にAさんという人が新しくジョインした時に、理念・ビジョンは変わらないですよねと。ところが、存在目的は変わるかもしれない。その人が加わったことによって、組織の構成メンバーが変わっているので、ということは、存在目的は変わらざるを得ないですよねっていういい方をするんですけど。

それが、少しオレンジとの違いかなって。例えば「べてるの家」だったらありのままを出しているので、ある事件が起こったら、事件を笑い合いながら、これサービスにしたら面白いんじゃないか、となった瞬間に、この人がいなかったらそれって起こり得ないものじゃないですか。それが面白かったらそれに価値があるからって、また広げていこうみたいな組織になっていくくらい、リアルな具体的なストーリー自体が価値を持つというか。

そんな感じの違い。

天外　「べてるの家」っていうのは弱みを売り物にしてるんだよな。幻聴大会なんかやってて、すごい幻聴を持ってる人が、その日賞賛されたりするわけ。弱さの情報公開みたいなものがある。

普通の組織だと弱さを見せちゃいけないわけだよね。だから、弱さを見せない。能力だけ、強さだけ見せてるということは、個人としては全体性が発揮されていない。そういう組織の全体性を見ても…。

ちょっと上手い説明ができないけど、そこのちょっと関連性があるような気がするんだけど。上手い説明ができません。自分の全体性と組織の全体性がどう繋がるかっていう。確かにその通りだと思うんだけれども、それに対する説明を僕もいまちゃんとできていない。

山田さん何かない？

山田博(注)　そうですね。説明はあまりないんですけど、直感的には良くわかります。これ説明すると、やっぱり理解しちゃうので、その瞬間に感じるものは消えるんですよね。

（注：山田博：ホワイト企業大賞企画委員。第4回ホワイト企業大賞を受賞した「(株) 森へ」代表。森の中で3日間過ごすことにより、人々を「実存的変容」に導くというサービスを提供している）

天外　あぁ、そうだね。説明しようとする試みが良くないかもね。

山田　よくそういうことを説明しろっていわれるので、説明をするんですけど、説明した瞬間に、その自分の存在と全体の存在の繋がりがっていうものが切れてしまうんですね。

天外　そうかそうか。

山田　だから非常に難しくて。要はさっき森のメタファーがあったと思うんですけど、すべてが関連し合わないと森が完成しないっていうか、生きていけないっていうことに、理屈上なんかわかった気がするんだけど、本当に自分の存在を感じている時にわかるんですよ。

多分、自分の存在が完全な存在だって感じてる時、あぁ、森って全体だなって感じるような感じなんですよ。それがないのに、全体と繋がってるよね？　っていわれると、多分それは頭で整理しているだけで、繋がっていない状態じゃないかなぁくらいの説明。

天外　いやぁ、すごくわかるね。基本的に、だから感じられる人は感じてくださいと。感じられない人は諦めてください。しょうがないね、そこは。要は言語の説明が超えたところにあると思うんだよ。自分の全体性が感じられると、デカイ話をすれば宇宙の全体性が見えてくると。

塾生4　森も衰退したり大きくなったり小さくなったりするように、それぞれ構成するスタッフだったりメンバーも様々に変化していくので、その変化と変化のリズムが調和というのかな。あまりにも人が足りなかったら、むしろ調和を、不調和だから感じてるところがあったりして。

天外　不調和がなくなると組織はむしろおかしくなるからね。

嘉村　良い状態、悪い状態などの、ありのままの感覚はすごく大事で、ラルーさんを訪ねた時にいってたのもそこで。調査の時にものすごく時間を費やして、社員は幸せだし、利益もすごいし、給与も高いけど、取り上げなかった組織がある。

天外　それはどこなんだろう？

嘉村　どこなんでしょうね。今度聞かないといけないですね。それは、実際素晴らしいと。だけど、どこかでやっぱりポジティブであるとか幸せであるというところを、

天外　装ってる？

嘉村　装ってまでいかないですけど、そうであるというエネルギーが強いというか。人間ってもっと悪い時も良い時もあるわけだけど、ポジティブ面に焦点を当てていることによる少しの不自由さがある。

塾生複数　すごーい。わかるね。

嘉村　だから、ティール組織が取り上げなかったっていう話。ここがラルーさんのいってる大事なところで。だから別にティール組織は目指すものでもなんでもなくて、おそらくいまの時代でいうとグリーンの方が圧倒的に幸せで生産性は上がると思うといっています。

　だから、ラルーさんは本当に学者みたいなもんで、歴史を見た時にいまティールというものがちょこちょこっと現れてきていて、今後増えていくだろうっていうことしかいってないんですよ。

塾生5　良い悪いじゃない。

嘉村　良いとか悪いじゃなく。でも今の時代だったら、グリーンの方が幸せだと思うと。なので、例え話でいうと、馬車の時代に車が生まれた。その瞬間は砂利道だし、ガソリンスタンドもないし、部品もめっちゃ高いだろうし、壊れやすいし、良いことないはずなんですよ。
だけどそれが普及することによって、高速道路が生まれて、郊外が生まれて、ガソリンスタンドが生まれてって中で、段々ガソリンスタンドのこの口に合わせたガソリンを入れるところまでできて、社会が進化したあたりからはかなり車は使いやすい。
いまの時代でいうと、別にティールになる必要性はないんじゃないんですかっていうことをいっています。だから皆さんもティールっていうと5段階の一番上だから、新しいからそれに行かないといけないってことはまったくない。

武井　いまは不便ですね。

天外　何が不便？

武井　法律が全部合わないんで。その法律に抵触してもいけないから、それにアジャストさせる部分というか、建て付けはそういう風にしつつ実態を変えたりだとか。逆にこういう僕らみたいな組織でも生きられるような社会をどう作るかという社会づくりも必要なんで、そういうロビー活動をしたり、法改正の動きをしたり、ブロックチェーン使って新しい経済を作れるかなとか。もう面倒臭いです。

天外　それ楽しみなんじゃない？

武井　そうか、楽しいからやってるのか。

嘉村　そういう新しい道を作る役目の組織もあるし、それはそれぞれだと思います。
　ただ、オレンジはそろそろ人が集まらなくなってくるような気がしますね。グリーン、ティールが増えちゃうと。そういうのも組織が誕生すると社会も変わるので。社会が変わる中でアンバー、オレンジがそろそろやりにくい世界に突入しているのも事実なので。そういう意味では、少しは変化をしていくっていうのは必然かなと。

塾生7　ちょっと戻っちゃうかもしれないんですけど、自分の全体性と組織の全体性。皆さんの発言を聞いてて思い出したんですが。生物学者の福岡伸一さんが動的平衡っていってるじゃないですか。細胞って膜があるんだけど、それが平衡しているから変化していくみたいな。なんかその細胞の外っていうことを考えた時に、自分の全体性と組織の全体性がなんとなくそのイメージが出てきたんですけど。常に平衡の状態を保とうとしながら、全体としては変化してるっていう。

嘉村　動的平衡とまさに近いですね。だから、結局僕らが手放さないといけないのって、未来は予測できるということと、人はコントロールできるという世界観をオレンジが作って来たわけですね。だからそれが安心なんですよね。ルールを作ると安心だし。でもそのルールは人間の創造性を阻むものになっていくので、その中でどんどん変化し続けるというか、自転車みたいなものなので、漕ぎ続けていくことで安定していくような感じで、まさに動的平衡なんですよね。じゃあ例えばティール組織でOKRみたいな目標設定を使ってる組織があったのをみて、じゃあOKRだけ取り入れても仕方ないんですよ。武井さんもいまだに組織構造のやり方を変えてる感じなんで。

天外　常に動的に変化している状態…。

嘉村　そうなんですよ。写真で撮ると分析も観察もできるんですけど、それは個人と全体性の話もそうで。この変わり続けて巡り続けていくっていう。だから説明できないです。

天外　動きが止まったらおしまいよっていう。

塾生7　時間軸がずっとあるっていう。

天外　そうそうそう。その常に不調和な状態で、変化しながら、すったもんだやっている状態が普通の状態。それがオペレーションであると。

もうひとつはあれだよね。スパイラル・ダイナミクスでいう「ティア1」から「ティア2」に行く（注：実存的変容）と、視点がメタ認知になってくる。そうすると全体から見たらどう見えるかっていう視点を確保できる。だから自分の全体性というのはそういう風に、意識の変容まで含めると組織の全体性と関連付けられる。

天外塾だと、鳥の瞑想っていうのでメタ認知を獲得する。鳥の瞑想ができてくると生命体としての組織の視点で見た時にどうなるかっていうのが見えてくる。そうすると個人の全体性と組織としての全体性みたいなものが一致してくるわけだね。

ただこれもね。さっきの山田さんの話に重なるけど、メタ認知ができていない人に、メタ認知ができると組織の全体性の視点が確保できますよ、といっても何の意味もない。感覚的につかむ話だからね。

5章

蝶が飛んでいる安心感

〔解説〕

ＯＳＴ（Ｐ24、１章、解説記事参照）では、議論している場を次々に渡り歩くのを「蜂」、議論に加わらないでお茶したり昼寝をしたり、ぶらぶらしているのを「蝶」と呼び、いずれも推奨されています。

オレンジ・パラダイムだと、皆、目を吊り上げて仕事に没頭していないといけないが、ティール・パラダイムでは、そういう強迫観念がなくなります。これは、「べてるの家」の「安心してさぼれる会社づくり」という標語に通じる何かがあります。

人は葛藤が減って「ティア２」に達すると、「怖れ」が減り、「仕事に没頭しなければいけない」という強迫観念から離れることができます。「蝶」はそのシンボルであり、人々の心をオープンにして、生命体的な安心感を与える働きがあるようです。

不思議なことに「蝶」がいるほうが、組織のクオリティは上がります。障害者がいると組織が活性化することは様々な企業で実証済みです。

セミナーの実録

嘉村　ティールの話をするとき、私が配布する資料には、採用のあり方とか評価のあり方とかを書いているんです。よくあるのですが、ティールって３６０度評価みたいなことをしていきるから、それから始めればいいですか？　みたいなことを聞かれるんです。ティールの視点からOKRってどう見えますか？　みたいなね。みんな部品の良し悪しを聞く。

部品の良し悪しでは絶対ないんですよ。臓器移植と一緒なんです。臓器移植の臓器の問題じゃなくて、それがちゃんと合うタイミングとか合う循環をイメージできればOKRもハマる時もあるし、究極、オレンジ的な評価制度だってティールにハマる可能性もある。

本当にものすごく信頼され、信頼し合ってる文化だったら、評価を依存せずにちゃんと出せたりもすると思うんですけど。皆さんこの部品の良し悪しをすごく質問される。それが循環の方の視点を得たら多分部品は関係なくなって。この全体の流れを見られる人を作る、というところが言語化しにくいですけど大事だという感じです。

天外　常に変化するダイナミズムがキーだという捉え方を直感的に会得しないと、みんな静的に捉えることしかしないよね。

嘉村　そうなんですよね。

天外　ティールはずっとカオスなんだよね。武井が、なんか会議開催するといつもカオス。

武井　うちの会社は会議のアジェンダを基本的に用意しないので。ひたすらブレスト。

天外　雑談を。

武井　雑談をしていますね。昼間っからお酒飲む奴もいるし。

嘉村　よくそのティールに行くための段階を教えてくださいと。まず何やって、まず何やって、まず何やったら。

武井　計画を、いつまでにとかね。

嘉村　それはもうさっきいった未来を予測できると錯覚している人のアプローチで、予測して安心したいわけなんですよね。安全にティールに行くための道のり、安心して経営者としては踏み込める、というのはない。

ティールの世界観でいうと、みんなでカオスに飛び込もうと。失敗も学びになるんだから、誰も失敗をうちの組織は責め合わない。いままでは、ゴールを定めてとか事前調査とかをして安心感を持って飛び込むということをやり続けているので、新規事業とかもエビデンスを揃えて、行けるってなったらやってきたけど、ティールはそうじゃない。

見えないかもしれないけど可能性をみてやってみて、そこから学んでみてまたやってみてという。プロセスに全員で行くんだよね、というところなので。ティール、どういうステップでやるんですか？　という話になってくると、安心感を得たいアプローチなので、そこを手放さないとティールのプロセスに入れない感じなんですね。

塾生8　安心感ということで、先ほど山田さんが森の話をされて、安心感のパラダイムが変わるのかなっていう感じがすごくしました。「べてるの家」に行った時に何ともいえない安心感に包まれるんですよ。

それは、いままでの経営学でいうと、強みを組み合わせるのがチームビルディングの肝だったじゃないですか。それってやっぱり緊張感に晒されるんですよね。自分が強いものを出せなかったらどうしようって。

ところが、「べてるの家」に行くと、何ともいえない安心感に包まれるのは、それは森に入った時の何ともいえない安心感にすごく似ているんです。私の感覚の中では。それは、弱みを見せてもいい。生命体として自然な姿でいるからこそ自分がいろいろなものをそこで発揮できる自由がある。それが豊かさとか可能性に繋がるっていう感じがするんですね。

いままでのチームビルディングでいう尖った強みを発揮しなきゃってところから、自然な感じで自分の強み、弱み、個性を活かして、それが何となくぐちゃぐちゃに組み合わさりながら組織としての何かを発揮していく。だから安心感のパラダイムがすごく変わると思うんですよね。機械的な安心感から生命的な安心感。

嘉村　いままではやっぱり、コントロールすることの安心感を求めていたんですよ。自分がスキルをつけることによって、この世の中で安心していられるっていう。がんばるとか共通のルールを作ることによって、ここでは悪いことはできなくなるから安心できるっていう。

それって、根本的にどっかで社会とか人への不安や不信感とかがある中で、ルールを作ったり、自分が強くなったりすることによって安心する、という安心感なんですけども、いま、いっていただいたのは、多分そもそも自分は大丈夫という、ありのままでいられるという安心感を得ていこうという試みなので、根本的にスタート地点が違います。

だからよく安心・安全を作るってなる時に、僕らはコントロールする安心感を作るというのにハマりがちなんですよね。それは誰かの不自由を作っていたりだとか、誰かの不安を作っているかもしれない、というところを、どう会得していくかっていうところですよね。

天外　賢州さんがさ、仲間内が雑談しているのにイラっときたっていうのがあって。「べてるの家」だと安心して、そこに本当に寝っ転がってるのがいるわけよ。みんなが共同作業やってる時に。寝っ転がって安心してサボれる。基本的に全体性が受容されている。サボっていようが雑談していようがそれが受容されている。

さっきＯＳＴの時にちょっと説明しなかったけど、蝶と蜂のところで、みんながセッションやってる時にお茶しているのはどっちだっけ？

嘉村　蝶ですね。

天外　飛び回るのが蜂で。あとどこにも行かなくてもいいですよ。お茶飲んでいてもいいですよっていうのが蝶か。どこにも参加しないでグデグデしていても一向に構いませんと。それも重要な役割ですよという。「べてるの家」でいう幻聴がひどくて寝っ転がってる奴だろうと。賢州さんのところの雑談をしていようと。そういうのが受容されるというところがポイントで。何でそれが受容できるかというと、葛藤が減るからだね。葛藤が減って、自分の中の不安感がなくなるとそれが受容できる。それがやっぱり「ティア2」なんだよね、基本的には。これ結構すごく大きなポイントかもしれないね。

嘉村　OSTでも、海外だったら寝転び始める人もたくさんいるので。そうすると、場が和んでいきますし。日本でもやっぱりOST中に寝転んだりする人がいたりとか、たまに子どもとかも一緒にいたりすると、話し合いのクオリティが全然違うとか。みんな肩肘張らなくなるので、圧倒的にクリエイティブな話し合いになるんですよ。これ不思議なんですけど。

天外　だから蝶がいることによって、クオリティが上がるんだよね。寝転がる奴がいる、雑談している奴がいることによって、全体のクオリティが上がる。これ障害者がいると全体のクオリティが上がるっていうのとちょっと似てるんだよね。不思議な現象があって。

塾生9　うちのスタッフで、聴覚障害の子がいるんですけど、その子が11月から入ってきて、12月から結構本格的にシフトとかも入って働いてるんですけど、そこからみんなでその子のサポートをしようって団結力もすごく上がったし。

天外　障害者に入ってもらうとなぜか組織のクオリティが上がるんだよな。あれは不思議。日本理化学工業とか沖縄教育出版とかいっぱい例があるね。

嘉村　沖縄教育出版さんには僕も入らせていただいたんですけど、合宿とかも全部一緒にしてくださいっていわれて、ファシリテーションをしました。ある時に、嘘つき自己紹介って僕が好きなワークをやってもらったんですね。それは自己紹介で3つの自分らしい自己紹介してください。3つの中に1個だけ嘘を潜ませておくっていう。それを当てあうことによって、わーっとなるんですけれども。

天外　楽しそうだね。

嘉村　次回やってみてもいいかもしれないですけど。沖縄教育出版さんでやらせていただいた時に、障害者の方にもやっていただいたんですけど、嘘がつけないんです。ルールがわからないですっていうからこう説明して、何が好き？って、例えば食べ物何が好き？っていうと、焼きそばが好きと答えられたので、じゃあ焼きそばが嫌いですって書いたら嘘になるので、そう書いたらいいですよね、っていったら固まるんです。

嘘という表現の機能がなくて、それで多分書けないんですけど。その時に、すごく気付かされたのが、沖縄教育出版の方って、本当に感謝の気持ちに溢れてるし、雇ってくれたこの場所のために働きたいっていう気持ちに嘘がないんです。

僕らって、ポジティブを装える。ポジティブを装えるのと、不器用でポジティブを装えない人とどっちの存在を周りが安心させるかっていう問題。僕たちってどうしても装えるから、本当は笑ってないんじゃないとかっていう不安を常にお互いにやっちゃうんですよね。それが、ないっていうのは、もちろん本人にとったら自分なりに嫌かも知れないですけど、僕らはじつはややこしい能力を持って生まれてるんだっていうのをその時すごく感じた経験なんです。

天外　身についてるからね。さて、お茶がきてるからブレイクにしましょうか。

6章

存在目的（Evolutionary Purpose）の深掘り

冒頭で目標や計画を持つことの弊害が語られます。ここでは議論されていませんが、巻頭の「ティール組織金言集①」にあるように、目標や計画というのは未来に対する「怖れ」を回避するためのツールです。「実存的変容」（ティア2）に達すると、「怖れ」がなくなり、目標も計画も不要になります。もちろん、たとえば住宅を建てる場合のように、いろいろな業者が入れ替わり立ち替わり入るときには計画がないとやっていけませんが、新規事業などで予測できない未来に対する怖れから立てる計画は不要になるのです。これは、従来の（ティア1）の経営学と（ティア2）の意識レベルをベースにした「ティール」が、まったく違うポイントのひとつでしょう。

存在目的（Evolutionary Purpose）に関して、賢州さんがギリシャでの5日間の「ティール会議」に出た時のエピソードが語られます。ティールを実行している人たちは、ちょっとした会議でも、その場の存在目的を明らかにしようとするようです。これは、目的を明らかにせずに、何となく事を運ぶ、私たち日本人の特性とは、かなり違います。

私は、あらゆる仕事に対して職務記述書（job description）をきちっと定義するアメリカ流の仕事のやり方と、そうではない日本流との違いに似ているな、と感じました。

その延長上に、企業の人類社会（世界）に対する貢献をしっかり求めるF・ラルーの思想と、ひたすら社員の自由と幸福を追求する、ブラジル・セムコ社のR・セムラーとの違いがあります。これに関しては良い悪いを超えて、何か秘密がありそうですが、十分な議論はできませんでした。

セミナーの実録

嘉村　ティール組織をラルーさんがいろいろなところを見て回った時に、ほとんどの組織が中長期事業計画を持っていなかった。結構それは驚きの事実でありました。

ラルーさんは、**「目標を持つことの弊害を認識した方がいい」**、といっています。目標を持つとそれがすべての色眼鏡になるんですね。

本当はこっちに行くべきだと思うけれども、目標があるしなぁ、と。目標の弊害はかなり認識した方がいいんじゃないんですかっていうことです。

自転車に乗る時に、あらかじめ、地図的には頭に入れるかも知れないんですけど、100m前に進んで、その後右折して、20mとか考える。実際動くと急に車が現れるかもしれないしってなってくると、もうその瞬間食い違って起こるんですね。都度都度やり方を変えていくわけです。だから当初想定していたコマンドで行けるってことはほぼあり得なくて。それは経営も含めてそうでしょうっていう感じの中で。トップに限らず全員が本当に風を感じてドンドンやって行きましょうという意味合いです。

一人ひとりが自由にどんどん表現していきましょう。意思決定してやっていきましょうという中で。要はそれぞれが風を感じて、やってみて、失敗からも学べるし、成功からも学べるしっていうのを即座に共有して、そしてまた、それぞれやって即座に共有してっていうことの繰り返しで。

ITでいうアジャイルみたいな感じになりますけれども。そんな感じでやって行きましょうと。だから、割と長年ティール組織でやっているところはあるんですけれども、ICTが発展したことは、このティール組織が世の中に誕生しているかなり源泉にはなっているかと思います。

後ほど事例で話をしますが、ある組織は全員にi Padを配ったりして全メンバーが情報にアクセスできるようになっている。要は、いまの組織は、トップは全情報を握っていて、トップに問い合わせると正しい判断が降りてきて動ける。そうじゃなくて、そもそも全情報を瞬時に全員が持っているというイメージです。だから普段携帯とパソコンで持っている情報がバラバラだったら、その時点で日々の仕事ができなくなるので、クラウドも含めて同期しますよね。それと同じことが、組織内でもできるようになり始めたから、ティール組織が増えてきてるんだなっていうところはある気がします。そういった中で、お互い耳を澄ませ合いながら物事を作っていくというような感じが存在目的(Evolutionary Purpose)ですね。

先ほどの赤ちゃんの例と一緒で、組織がどこに向かっていくかをそれぞれが考えて表現して、やってみることで存在意義がわかったりもするじゃないですか。存在意義を考えてみてからやるんじゃなくて、やってみて存在意義が見えて来る可能性がある。そういうことも常に共有し合いながら進化させていくっていうようなイメージです。

これがザクッとした存在目的の説明なんですけれども、もう少しイメージしやすくするためにギリシャでのエピソードをお伝えしたいなと思います。ギリシャで僕が初めて5日間12、13カ国くらい、20、30人集まったのかな。それで世界中のティールの実践者が話し合うような5日間のギャザリングに出ました。

さっきお話したイギリス人のジョージが5人の進行役のうちのひとりだったんですよ。彼が、開口一番の仕切り役。僕はその時とてもドキドキしていました。初めてギリシャで参加するカンファレンスですし、中身もほとんど書かれていなかったので、どんな目的で、どういうアウトプット物を狙って、どんな進行プログラムで、っていう感じのことが全然わからなかった。

そういう説明が初めにあるのかなと思ったら、ジョージがいった言葉が衝撃でした。皆さんこの会のEvolutionary Purposeは何なんだと。あれ、主催者が持っているんじゃないの？　え？　それ聞くの？　みたいな感じなんですよ。

そこから、それぞれの皆がなぜここに来たのかだとか、何を探求したいのかとか、どういう仕事をしている人たちなのかとかを分かち合うと浮かび上がって来るわけですよ。このギリシャというヨーロッパとアジアとアフリカとの結節点にあるこの場所で、この時に、この国々から集まった人が生み出す5日間というのが浮かび始めて来るんですね。それがあることによって、与えられるゴールとか目的に参加するというのと、自分たちが生み出した存在目的に5日間を過ごすのは何となく違って来る。

その後ジョージが、4日目だったかな。それこそOST（オープン・スペース・テクノロジー）をやったんですけど、皆さんが関心のあるお題を出し合って、あっちのレストランのロビーではリーダーシップについて話し合って、こっちのところは対話について話してみたいな感じでいろいろなとこで対話会が生まれていって。

たまたまジョージが出しているテーマがすごく興味深かったので、そこのお題に参加して、大体1時間半くらい興味がある人が集まって話すんですけれど、5人くらい集まって。そしたらジョージが、この時間のEvolutionary Purposeは何なんだと。そもそも、なぜそこに来たのかっていう皆さんの関心を出して、ジョージも出した理由を伝えて。じゃあこういう時間を90分過ごせば豊かになるかもしれないねっていって、話し合いが始まっていく。そんな感じでEvolutionary Purposeを使った時には、ありとあらゆるところでEvolutionary Purposeなんだということがわかってきました。

組織もEvolutionary Purposeを持ってるし、自分自身もEvolutionary Purposeを持っているんだというのがわかっていった。ちょっとEvolutionary Purposeの認識を深めるために、エピソードをお話ししました。

最後もうひとつだけいって、Evolutionary Purposeの質問を受けられたらと思いますけれども。これラルーさんが書いたわけじゃないんですけども、ギリシャの誰かがいってた、Evolutionary Purposeが見つかりやすい問いがある。それは良いなと思って解説にも書かせていただいた3つの問いがあります。

これを組織メンバー一人ひとりが考え続けていくことによって、組織の存在目的が徐々に浮かび上がってくるというものなのですが、結構これドキっとしました。常に僕らの組織はこれを探求しています。

まずは**「あなたの組織はこの世界に何を実現したいのか？」**。これは、喋るのも皆さんわりと喋りやすいんじゃないかなと。次からがちょっと難しいかもしれないですね。**「世界はあなたの組織に何を望んでいるのか？　何を期待しているのか？」**。3つ目がかなりドキッとします。**「あなたの組織がなかったら世界は何を失うのか？」**と。

この問いを探求し続けていくと、これは別に組織のトップが作るものではないし、組織のメンバー全員が探求していくことですよ、ということを聞いて、あぁいい問いをいただいたなぁということで、いろいろな場で、一時期はティール的な話の講演会やワークショップの話をいただく度にこれを考えてました。

そうするとやっぱり自分の中で心持ちが変わって来るし、一期一会の場であるし。何でこの時期なんだろう。何でこのメンバーなんだろう。何でこの時間なんだろうっていうことを考えながら。でもやっぱり自分が活きるなっていう感じがして。

この問いは、考えずに今日来たんですけど、何となく僕自身の今回の存在目的は何かというと、前回武井さんの講義を聞かせていただいて、この筋書きのない探求が3日間続く中で、僕はティールの先とか日本版ティールみたいなのを探求したい。それが他の場ではない、この場ではそれが探求できそうだなというのが、僕が今回ここに持っている存在目的だな、というところはあるかもしれないです。というところを、3つ目の存在目的として説明させていただきました。事例に入る前に、もしご質問がありましたら。

塾生10　結構問い自体が、何というか、大げさな感じがします。自分の感覚とズレている感じがあると思うんですけど。

嘉村　そうですよね。僕もそんな感じがします。ラルーさんがいったわけじゃないけど、その組織がこの世の中のギフトであったらとか、あなたがこの世界のギフトであったらっていうくらいの思いは、ラルーさんも持っていると思います。

というのも、セムコ社をなぜティール組織の方に入れなかったのかっていうストーリーがありまして。セムラーとラルーさんはすごく仲が良い。対談もしているんですけれども、ティール組織には入ってないですよね？　多分。

天外　ちょっとだけ触れてるかな。

嘉村　ちょっとは触れているかもしれないですけど。それはですね。ひとつはもうすでにセムコは有名だから、取り上げる必要はないだろうということはあるんですけれども。もうひとつは、セムコ社は労働者天国を作りたかった。人にコントロールされるのは心地良いものではないから、コントロールがないような労働者の天国を作りたいっていう発想があったと思うんですけども、ラルーさんは何かもう少し志的な人な感じなんですね。この組織が世界のギフトだったら何ができるだろうかっていうのをやりたい人で、っていう意味で、セムコ社を取り上げなかった。

天外　セムコの特色のひとつは、理念がないのがうちの理念だっていうのがあるわけ。だからラルーはそれが好きじゃないんだ。

嘉村　そうですね。好きじゃないとまではいってないんですけど、ちょっと違うんじゃないかと思っていそうな匂いがあります。

天外　なるほどね。じゃあダイヤモンドメディアも好きじゃなさそうだね。

嘉村　これは全然「良い悪い」ではないと思うので、経営者の思いが組織体を表すっていうそれだけの話で。理念を持たない自然経営も良し、志を探求しながら変化するも良しっていう。これは進化のパターンなので、っていう感じで僕自身は思っている。

7章

自分の内面が外側の世界を作っている？

〔解説〕

賢州さんが、存在目的を探るための3つの問いを提示したのに対して、塾生10さんは「世界」という言葉が大げさだ、という感想を漏らします。いまは「自分の内面」の探求をしているというのです。ところが、天外塾では瞑想ワークで自らの内面が整うと、外側の世界で起きることが変わってくるという不可思議な現象が頻繁に起きており、塾生10さんもそういう神秘体験をされています。結局、「自分の内面」と「世界」とは同じなのではないか、という驚くべき仮説が語られます。

後半では、存在目的と理念の違い、理念を持つことの弊害についても議論されます。いままでの企業経営では、理念を樹立することは絶対的にいいことだ、というのが常識でしたが、「ティア2」に達すると計画や目標、さらには理念を持つことの弊害が意識されるようになるのです。

セミナーの実録

天外　塾生10さんが大げさだと感じるのは、世界という言葉？

塾生10　そうですね。世界を相手にしてるんじゃないなって。

天外　何を相手にしてるの？

塾生10　それが、いまは自分に気持ちが向いているので、自分に対してっていうのを一番大事にしてますね。いままでは他人に対してだったんですけど、見える人、スタッフとかだったんですけど。それも最近、自分を大事にしていないなっていう感じが出てきたので。

天外　一生懸命スタッフのために尽くすようなことをやってきたけれども、自分を疎かにしてきたと。いまは自分を大事にできそうだっていうのかな？

塾生10　そうですね。

天外　それはでも、すごい気づきですね。

嘉村　ケン・ウィルバーの四象限の話に近いですよね。どうしても個人の世界と外の世界の中で、内向きな時と外向きな時があって。個人の内省がしたい時期もあれば、個人の発信、表現をしていきたい時期もあれば、集団としての文化とカルチャーを大事にしている時もあれば、集団として組織として外に何か影響を及したいっていう時期もあればっていう。人って人生の中でリズムがあるし、個性って偏りがちだったりするので物差しがあるとバランスが取れる。別にその内省に向かっている時が悪いわけではないし、それをしっかり味わったらまた外に行く時もあるしっていうのがあると思いますが。ごくたまに自分の特性で固まってしまうと、次の段階に行きにくいですよね。

天外　いままで、どちらかというと四象限でいうとね、組織というかスタッフの内面外面にものすごく注力してきて、気がついたら自分の内面に対してまったく意識して来なかったっていう反省があるのね。

塾生10　大反省があります。

天外　それに対してそれをリカバーしようとしている。

嘉村　バランスを取り戻しているという感じなんで、決して我が強くなってきたというわけじゃないという感じがしますね。

塾生10　我が強くなっているわけじゃないという感じがします。

塾生11　聞いて思ったのが、外の世界って自分の内面の反映だと思うと、この世界っていうのをご自分に置き換えてみても面白いのかなっていう風に考えましたね。自分の中の組織に自分は何を実現したいのか？　みたいな。

嘉村　かつあの、これは個人のEvolutionary purposeを考える時には、この3つの問いを、組織という言葉を完全に自分に置き換えてもらいたくて……。自分は自分の生きている人生で何を表現したいのか？　周りは自分という存在をどう期待しているのか？　自分がいなかったらみんなはどう悲しむか？っていうのを問うていくっていう。

天外　多分この問いをいった人はさ、自分の内面が自分の世界、自分の宇宙を作っているっていう感覚を持っているような気がする。自分の内面みたいなものと、自分が実現した宇宙というものの区別がない。

鳥の瞑想だっけ？　インナーチャイルドだったっけ？　離婚していない元の妻に対する瞑想だったかな。なんかやってた時に…あ、あれだよ、死のワークだ。塾生10さんが、死の瞑想ワークで、パパはお前に会えないまま死んでいくっていう遺書を書いて、死のワークをやってたら、これはよく起きるんだけども、懇親会の時かな。何年も何年も会ってないお嬢さんに、何か会えるんじゃない？　とかいったら、本当に偶然会えた。

塾生10　そうなんです。何年かぶりに。

天外　そのあとたしか、奥さんのお子さんが一緒のところにまたばったり遭遇していたよね。一度ならず、二度も起きるということは確率的には考えられない。でも、これはしょっちゅう起きるわけ、天外塾では。その死のワークだけじゃなくて、別れた奥さんに対する瞑想をしていると、何年も会ってない子どもにばったり街中で会うとかいうケースがもう10例以上。これは塾生10さんだけが特別じゃなくて、結構頻繁に起きるの。

何がいいたいかというと、瞑想ワークって自分の内側を整えているだけなのね。自分の内側を整えていると、外で起こることが変わってくるわけ。自分の内側を整えていると外で起こることが変わるとすると、いまの塾生10さんの問題点である、自分の内側を整えるということと、ここでいっている世界との間に差がなくなる。

塾生10　なるほど。

嘉村　すごい話ですね。だいぶ繋がりました。

天外　だからこれをいった人はさ、その辺の感覚を掴んでいるかもしれない。ラルーさんはどうだろう?

これはサイエンティフィックには大問題だけれども、この宇宙があってね、アンドロメダ星雲があって、月があって、地球があって、世界があって、日本があって、東京があって、ここに自分がいるというのじゃなくて。一人ひとりが宇宙を作っていると俺は思っているわけ。それはいまのような現象があまりにも良く起きるから、そうと考えない限り説明できないんだよね。だから一人ひとりが自分の宇宙を作っているとすると、内側を整えて瞑想なんかしていくと、外で起きることもすごく整っていく。だからこの3つの問いは全然大げさじゃない、という解説をしてみた。結構眉唾だけどね。自信を持っていってるわけじゃないから。

嘉村　他に何かありますか？　存在目的に関して。

塾生12　さっき新しい人が入ってきたら、存在目的が変わる可能性がある。けれども理念とかビジョンは変わらないよねって仰っていましたが、そこでいう理念ってどういう意味ですか？　なぜかというと私の定義だと、理念は会社の方向性と存在目的の両方含んでいるものという考えがあって、そこを教えていただけると。

嘉村　そうですね。多分理念とか、ビジョンとか、ミッションとかって人によって言葉の定義が違うことがあるので、なかなか解釈が難しい。ただどう定義するとしても、わりと固定的にずっと掲げる星、遠い北極星を指すことが多い。存在目的とは、その人が入ることは、その人の歴史とか、生活とか、ありのままの存在とかも含めて絶対影響していくので。新しい存在目的が現れるから、変わる可能性があるってことですね。

さっきのギリシャのギャザリングの存在目的もそうですね。嘉村賢州っていう存在がいることもあるし、あの時だったら、やっぱりアジアから来ているのは、僕と吉原史郎くんだけだったんですね。そうしたら今回東洋から来てる人っていう意味では何かしら貢献できているかもしれないし、今までの西洋の人たちだけのギャザリングとは違う結果も生み出すかもしれない。新たな存在目的が生まれているわけです。

天外　なんとなく今の話を聞いていると、Evolutionaryという言葉に含まれているニュアンスとしてさ、生命体がどこかに向かっていると、その向かっているのを発見しようじゃないかっていうニュアンスがあるよね。だから理念っていうと、うーん、と頭で考えて一生懸命に決めるものだけど、そうじゃなくて。発見するものなんだ。Evolutionary Purpose っていうのは。

嘉村　スピリチュアルでいうと、一人ひとり生まれてきた理由がある。だけど誰も教えてくれないみたいな。そういうのに近いかもしれないですね。

天外　そうなんだね。生命体の持っている方向性を発見するっていうのが、多分一番ラルーさんの意図に近いかもしれないですね。

嘉村　決めることはできません。探求することしかできません。言語化するとしたらセーブポイントですよね。僕よくいうんですけど。いまのところ一番言い表せるのがこの言葉でしかないっていう。セーブポイントっていう風に言葉にするとちょっと他の人と共有しやすくなったりとか、あるいはその深さレベルを思い出しやすいというか。武井さんもそういう扱い方だと思いますけど。

武井　そうですね。基本的に企業の理念を決めるって、やっぱり社長の思いが強いし、社長の言葉が強いし。それって、面白い実験があって、大企業になればなるほど、業務範囲が広がれば広がるほど企業理念がどんどん抽象的になっていくんですよね。人々のいい暮らしのためにとか。なんか、どっかのわかんない2ちゃんネラーみたいな人が、100社の企業の理念をバッと調べてごちゃ混ぜにして、全然違和感がなかったっていう実験をして。みんな一緒じゃんみたいな。でも、経営の理念っていうものは稲盛和夫さんが言い尽くしちゃったかなと思っていて。社会の貢献を通じて物心両面の豊かさをっていう、もうそれ以外ないでしょっていう話で、あとは抽象度を下げて、どこで言葉としてするか。例えば、人材業界でとか、ＩＴを使ってとか。フェーズの違いであって。いくら素晴らしかろうが、社長が決めて、社員さんがじゃあそれを実現しますってなると、やっぱりやらされ感って出ちゃうんですよね。それが賢州さんがさっきからいってたみんなで作るってことだと思って。ひとりでも変われば違う会社になる。構成要素が別なわけで。だから理念っていうのを人が入れ替わる度にみんなで話し合うっていうみたいな理念合宿っていうのを散々やってたんですけど、これ永遠にやるの、俺らって。人が変わる度に、みんながいいねっていう落とし所を見つけ続けるって、いやいやいや、普通にビジネスもできないし…。そういう合宿ばっかりやってた。意味ない、っていうので、ある時もう言葉にするの止めちゃおうっていう風に至ったんです。最近また、人が増えるペースが上がったので、新しく入った人がわからな過ぎる。やっぱり言葉って便利じゃないですか。この会社なんだ？みたいな。ダイヤモンドメディアって何？っていうか。いや、感じてくれよ、っていっても、半年とかちゃんとやってないと体感して来ないんですよ。その間に辞めちゃうようなことが起こるとそれももったいないわけで。どうしたもんかなぁって。

天外　理念が立派になればなるほど、心が離れていくってことない？

嘉村　そうですね。

武井　手触り感がなくなるのって。

天外　そうそうそうそう。自分の感覚とズレた綺麗事になっちゃうんだよな。

武井　世界平和っていったら、反対する人は誰もいないと思うんですけど、自分と繋がりがないっていう。そこだと思うんですよね。どこで繋がるかっていうのは、人それぞれポイントが違ったり、ビジネス経験、社会経験長い人はここでも自分ごととして捉えられる。新卒の人に、例えば僕の会社でね、僕らはＩＴを使って世界を変えるんだ。不動産業界を変えるんだっていわれても、は？っていわれちゃうんで。すごくこれどうしようっていうのは、僕らも今悩んでる。でも多分、永遠に悩むことしかできないかなっていうのもある。

天外　さっき中長期計画を持つことの弊害ってのもあったけど、理念を持つことの弊害っていうのも同じじゃないの？

武井　同じです。

天外　まったく同じだよね。

武井　機械的と生命的っていうのが僕はすごいわかりやすいメタファーだと思っていて、機械って因数分解なんで、答えがあるわけで、一神教の宗教と一緒。一番上が理念なんですよね。理念を誰かがガチッと固めると会社が勝手に機械的になっちゃうんですよね、答えがあるから。理念、ビジョン、ミッション、クレド、中長期経営計画、年次の経営計画、事業部予算、部署ごとのＫＰＩで、ヒエラルキーの機械的な一番下が何かっていうと、人事考課制度なんです。これは僕の方で、もう少し細かい話をしたいんですけどね。

嘉村　よくなんかね、事業されている方からね、コンサルとかに行くと、要はそれメディアなんですか、要はそれはコミュニティなんですか、要は、それはプラットフォームなんですかっていうのを言語化されることがあるんですが、共有化はしやすくなるんですけども、失うものも多い。
メディアとなった瞬間、メディアとして次に行く行動ばっかりしか取らなくなりますから。だけど本当はメディアにもコミュニティにも属さない何かの可能性もあったりするのが、メディアなんですってことによって終わっていく世界があるので。
それすごいもったいないなって感じが。ただ、質の高いものは日々の判断基準にもなる。判断基準が色眼鏡になっている時もあれば、判断基準が役に立つ時もあるので。どっちかっていうと言語化するよりも、それを探求してこんな感じだよねっていう風になっていることが重要なので。最終的な言語化よりも、もう僕たちここまで来てるよね、っていう方が大事。ここまで来てるよね、まで行けていれば、全然言語化する必要がなくて。うちの組織もほぼ10年間言葉が定まらずにいて、最近1個セーブポイントができましたけど。全然そんななかったことで不便だったことはない。

天外　それはなんですか？

嘉村　いまは、**「未来の当たり前を今ここに」**っていうのがあるんですけど、ティールとかもそうだし、本当は上下関係、人は嫌だよねとか。なんだろう。さっきのサボれることは豊かじゃないのとか。どうしても一般のビジネスって理想は掲げられるけど、現実お金がないってなると、現実的な落としどころを探しちゃうんです。でも、自分たちが作りたい世界があるのだったら、これで生きてみようよ、っていう。未来の当たり前を明日からやり始めようよみたいなことを大切にする組織であろうみたいなものを、みんなで話し合う中でパッと現れて。結構何かイベントする時も、全然なんか「未来の当たり前を今ここに」になってないですよね、っていうと、あぁなってないとかいって、みんなで考え直すみたいな…。ただみんなが使ってくれてるので、ある程度使えるものになってるのかなぁっていう。

天外　差し当たり、いまのみんなの気持ちを言語化するってことかな？

嘉村　それのメリットは、共有化できる。シーンが。セーブポイントまでのレベルに戻って来られるんですけど、デメリットは、作った瞬間から腐敗していくっていうことと、その色眼鏡が付いちゃってるっていう。メリットとデメリットをちゃんと認識して言葉を使っていくってのが、すごい大事だなと。事例に行く前に時間になってしまいました。

8章

計画は立てないが、未来はしっかり見通す！

〔解説〕

２０１９年2月16日、同じ国際文化会館（東京六本木）で嘉村塾の第2講が開催されました。前回に引き続き、ゲストの武井浩三さん、ホワイト企業大賞企画委員の小森谷浩志さん、瀬戸川礼子さんも出席されました。

最初に賢州さんから、前回の復習と「ティール組織金言集」の1～4の解説があった後、2～3人のグループに分かれて、「ティール組織」に惹かれるポイント、逆に無理だとか、ザワつくとか、ネガティブなポイントについても話し合うワークが行われました。そのワークが終了したところから本章は始まります。

皆が一番引っかかったのは、ティールで「計画を立てない」というのは、知覚と反応という動物の刹那的な反射行動と同じで、大きな潮流を見失うのではないか、というポイントです。それに対して、達成目標としての計画は立てないが、将来の可能性に関してはしっかりと予測する、という説明がありました。それも、従来ならＣＥＯがひとりで予測していたのに対し、全員が様々な可能性を共有するのが特徴です。

結局ティールは、「計画を立てない」というよりは**「結果に対して執着しない」**というのが適切な表現だ、という結論に達しました。

その後、ティール組織の典型である、オランダの訪問看護組織、ビュートゾルフの説明がありました。オランダの訪問医療業界が、合理主義的なオレンジ組織を導入した結果どんどん破壊されていった中で、徹底的に患者に寄り添う組織が生まれ、急成長し、利用者満足度も社員満足度もオランダで№1になったという奇跡の物語です。

セミナーの実録

嘉村　グループで出た話題をシェアしていただけませんか。どんなことでも…。

塾生3　はい。このグループで出た話は、プラスの面は、「自由をすごい感じる」とか、「お互いの個性が発揮できたり認め合ったりしていいんじゃないか」とか、「命令しなくて済みそうだから楽そうだ」とか。という感じだったんですけど。心配なこととしては、「置いてけぼりをくっちゃう人が出るんじゃないかな」と。逆に何色でもいいんですけど、別の方法の方がよっぽど心地良くて、アドバイスプロセスとかやってると、「一体どうすればいいんですか!?」みたいな感じになっちゃって、「僕辞めます」みたいな、いろいろな負のことも起こるかなとか。あと、いろいろな失敗が起こるから、その失敗の代償ってどんなものなのかっていうことで、不安がたくさん発生するとか。そんな話が出てました。

嘉村　ありがとうございます。まさにそうですね。他いかがでしょうか。

塾生4　計画なしで行くっていうことに関してなんですけど。予測できない、予測してもしょうがないっていう場合も確かにあると思いますが、例えば人口動態とかっていうのはほぼ予測通りにきますね。ああいうのをあらかじめ勉強している人がトップにいるから、事前に対応を取ってきたっていうのがあるんじゃないか、と。

知覚と反応っていう、ティールのやり方っていうのは動物的な反応ですよね。リアクション。何かあった時に素早くリアクションができるっていうこと。でも、外的な要因ってもっと長い目で見ることができて、「トップの人はそういうことやるのが仕事なんだ」って書いてある。

嘉村　ありがとうございます。どうしようかな。ひと通り受けて、それを反映させて次にやろうかと思ってたんですけど、計画に関しては結構大事そうな質問だったので、ちょっといま少しだけお話ししておこうかなと思います。

「計画がない」のと、「未来の想定を一切しない」のはまったく違う。例えば、ティールとは関係ないんですけど、シナリオプランニングっていう手法をシェルが使ってたのが有名です。現状をみんなでデータを取り合って、こんな未来も、こんな未来も、起こり得るよねっていう、いろいろなパターンのシナリオを共有しておくと、何かが起こった時に手遅れにならずに済むとか、チャンスとして飛び込める。未来に対する知覚を高めておく。これは、シミュレーションであって、計画ではないですね。

計画を手放すっていうのは、達成すべき目標としての事業計画は作らない。この前お話ししたホラクラシーでは、ダイナミック・スペアリングといっています。

自転車に乗る時に初めに前に50m進んで、その後右に20m進んで、あと100mとかって計画しても、途中車が来た瞬間に避けないといけない。その計画通りっていうのはいかなくて、それはひとりの場合は修正できますけれども、大きな集団になると「それ一個一個社長に問い合わせるんですか」っていうところがある中で、大まかに「あっちに行ければいいよね」ぐらいな感じを共有しながらも、もうこの臨機応変に組織としてできる力を保っておく。

それに対して旧来のやり方、いわゆる外部環境を分析して、半年間の事業計画を作って、それを全部現場に伝達して、そのための指標を作って、指標通りにいかなかったら、分析の一応書類を作らせてみたいなやり方。これは「ちょっといまの時代に合わないいんじゃないんですか」っていう話。

「計画がない」のと、「未来を見通さない」はちょっと違う。かつ未来を見通すのを得意なのはCEOかも知れないですけども、CEOだけで背負う必要もないし、かつCEOがそれを考えてやらせる権限はない、っていうような感じでイメージしていただくと良いかなと思います。

天外　計画がないっていうのは、あまり正確な表現じゃないかもしれない。要するに結果にコミットしない、執着しないっていうことだよね。売り上げ計画がここにあるから、これを達成しなきゃいけないよっていって、最後に押し込むっていうのはみんなやるでしょ。僕らもコンピュータビジネスやってた時に、3月はヤケに売れるんだよね。なんでかっていうと、みんな予算消化するから。で、コンピュータを買うのが一番早いからね。これはもうまったく馬鹿な話で、そういうことは止めましょうという話。ただ武井のところでも、計画はないけれども、シミュレーションはやってるわけだよね。だから、まったく予想しないわけじゃなくて、結果をこうしましょうというコミットはしませんよということ。

嘉村　よくワークショップで、オブジェをチームで作るワークをみなさんすることがあるんですけれども、その時にいろいろなチームでやる時に、いくつかパターンがあってですね。話し合って、「こういうものを作ろうぜ」と計画的に進めていくパターンと、「なんかこんなものができればいいよね」というざっくりした方向性だけで作りながら考えるパターンがあります。例えば、風船が割れてしまったりとか、思わぬアクシデントが出た時に、想像もつかない形になってるわけですよ。

そしたら誰かが「なんか面白いよね。これってさっきいってたアレを実現するのに、ものすごい相応しい形じゃないの」っていうようなことになって。じゃあ、これやってみようアレやってみようってなった瞬間に、ものすごく面白い作品になったりするんですね。その時に、前者の場合でコミットすると、割れた瞬間に「なんで割ったの?」と。倒れた瞬間に「自分責任取れるの?」とか。「どう挽回してくれるの?」みたいな感じになる。

これがオブジェだけじゃなくて、組織活動においても、もしかしたら3月に売れてるっていう中で、「今年だけなんか違うぞ」っていうことがあった時に。それを「まずいぞまずいぞ」じゃなくて。「ここにチャンスが眠っているかもしれないね」っていうのを、現場が即座に考えたりしたら、もしかしたら瞬間に圧倒的な競争優位性を持つかもしれない。

その考えでどうしても計画を作っちゃうと、「臨機応変に修正しようね」っていう合言葉を掲げていても、とはいっても、「いいにくい」とか、「こっちの方に従おう」になっちゃうっていう弊害っていう感じかなと思います。

質問ありがとうございます。またこれもすごいディスカッションできると思いますので、後ほどさせていただければと思います。他、何かぜひあればいってください。一旦よろしいでしょうか。


では、前回いえなかった事例の話をしていきたいなと思います。

だいぶもう有名になりましたが、ビュートゾルフという組織の話をさせていただければなと思います。この本を英語で読んだ時に衝撃を受けました。

２００６年に誕生した組織なんですけれども、ビュートゾルフを語る時に、オランダの訪問医療業界というものが、大きく分けて3段階の歴史を辿っているということで理解するといいかなと思います。その3段階目を作ったのがビュートゾルフと思ってください。

一番古い時っていうのが、地域密着の家族経営的な看護師が活躍していた時代です。その地域で看護師が、本当にいろいろな患者に対してコミュニケーションをして、医者と繋いてサポートしてみたいなことを丁寧にやっていた時代がありました。

その次に、それぞれがそれぞれの看護師で活動しているのもいいけれども、組織化するとより利用者を幸せにできるんじゃないかなと思い始めました。だいたいですね、個人事業主とか家族経営的にやってた時代というのは、ありとあらゆることをやってたわけです、看護師さんが。電話を取るとか。やっぱり看護師っていうのは専門的な仕事なので、単純な発想で、「電話をかけてる時間がもったいないよね」と。その時間があれば、もっと専門性が高い業務に集中できるから、結果として、より多くの利用者さんを幸せにできるんじゃないかっていうような発想です。そういうことがどんどんなされていって、組織化をし始めたというのが第二段階目になります。スケールメリットを図るために最適化を図っていったわけですね。給与の高い人が専門性の高い仕事に集中させてあげた方がいいでしょっていう。なので、電話をかける行為を集約し、コールセンターみたいなものを建てていった。

標準時間を設けて、どういう作業にどれだけの時間をかけたのかがわかると無駄に時間を使うこともないですし、ノウハウをマニュアル化したりだとか、いい事例をピックアップすることによって、どんどん成長したりだとか、ある成功事例をベストプラクティスとして共有し合うということもどんどんすることで、どんどん改善が生まれてきて、精度もどんどん高くなっていくし、看護師によってバラつきみたいなものも減っていくっていうような感じになっていきました。

それをもっと徹底するために、現地マネージャーとか地域マネージャーとか統括マネージャーを置くと、ちゃんと看護師の仕事を俯瞰してみれる存在がいるので、「いやいや、そのクライアントには、こっちの人のこういうやり方をやった方がいいんじゃない」、そういうような感じできちっとレベルの高い仕事もやるし、隙間も埋められるようになってくるし、マニュアルとかも整備すると、多くの現場が問題を起こさずスムーズに仕事ができる。どんどんどんどん質も上がっていきますし、生産性も高まっていったプロセスだと思います。

ただ、この変化には負の側面もあるということですね。もうたぶんおわかりだと思いますけれども、利用者から見るとですね、こういうことが起こるわけです。シフトが組まれた看護師たちがやって来るので、結構な頻度で、「はじめまして」という看護師がやって来る。で、私の病状をまた一から伝えないときちっとしたケアをしてもらえない。「またそれ語るのか」ってまた改めて語る。あるいは、1時間くらい経つとそそくさと帰って行くわけです。あと20分お話しさせてもらったら、すごくほっとできて今日1日豊かに過ごせるのに、なんか「次行かないといけないんです」という言葉を残しながら去って行ってしまう、っていうことも起きたりしました。

一方、看護師から見ると、看護師って人をサポートする仕事、根本的に優しくて、志高い人が多いんですね。そういう人にとっては、今いった構造が違和感しかないわけですよ。「患者さんは、普通の人だったらこういうケアをしたらいいけれど、この患者さんに限っては、ちょっとこういう風にした方が絶対喜ぶかもしれない」って思っても、「マニュアル通りやってもらわないとあとでクレームが来るので、やめてください」とかですね。「あと20分いただければ…」みたいなこととかがある中で、現場経験がある人からいうと、「このマニュアルに書いてあることは本当に本当の幸せは与えない、と思ってるけど、組織に役割が与えられているから、マニュアル通りにしなければならない」っていうことが多くなってる中で、上の方はわかっていないと。それで、表面上は従うっていうことが行われていたりするわけですよね。

そんな中、2006年にヨス・デ・ブロックをはじめとする4人の看護師が、「そんなことを全部やめてしまおう」と。「やれることは全部やろうよ」っていう。例えば、利用者さんと一緒に遺書を書いてあげるとか。あるいは、まずサービスを始める前に、家族の人とカフェでゆっくりとリラックスしながら「どういう残りの人生を送って欲しいか」っていうことを本当にざっくばらんに語って、計画を練ったりしていく。

ときには、地域をノックして回って、ここの利用者さんのためには、地域コミュニティを復活させることがその利用者さんのためになってなったら、それを育むような活動をしていく。そうすると究極、ビュートゾルフさんを使わなくなる可能性があります。その地域コミュニティで面倒を見るので。それも、「いいじゃないか」と。「本当に利用者が喜ぶんだったらそれでいいじゃないか」と。

私が一番びっくりしたのは、ヨス・デ・ブロックは、自分のノウハウを全部他社にオープンにしてますし、無料で他社の組織の顧問になってたりするような人なんですね。で、何が起こったかということなんですけど、2006年に4人が呼びかけて10人くらいで始めた組織が5年くらいで5000人を超えて、いま現在1万3000から1万4000人くらいの看護師が働いているっていう様な状況が。10年くらいで1万人に膨れ上がったっていうことですね。利用者満足度が、いまの話でわかると思うんですけど、オランダで圧倒的No.1なんです。驚くべきことが、社員満足度なんですけど、医療とか福祉ってどうしても心も肉体も使うのですごい大変な仕事ですけれども、従業員満足度がオランダで全業種を超えて何度も№1になっているということが、1万4000人の組織で起こっているっていう状況が、ビュートゾルフでは実現されているっていうことですね。

ビュートゾルフは2006年に10人で設立して、9000人まで育った時のバックオフィスがだいたい30名ぐらいでした。その大半はコーチです。1人のコーチで、40～50チームくらい面倒を見ていくというような感じで進めていて、各チームが10～12人くらいですね。

本当に面倒な仕事だけするスタッフはいるんですけど、基本的にチーム単位で全部やれるようにしているので、間接業務がいらないというような形で運営されていて、社長以外上司部下はまったくないっていうような状態で進めています。

コーチは、マネージャーのように権限があるわけじゃない。マネージャーは結果責任や権限があるんですね。「これをしなさい」っていう権限があるんですけど、コーチは一切その権限はないです。

チーム内にもリーダーを立ててなくて、みんなで話し合いながら進めていっているということだそうです。人事、総務、資金繰りなどすべてチーム内でやります。

チームのメンバーが必要に応じてコーチに相談したりとか、専門家を自分たちで呼んでコーディネートして学んだりしていっています。ノウハウとかの共有もチームを超えて社内のみんなにiPadが配られていますので、全部の情報が見える化されているので、困ったら「あのチームからあの人呼んで勉強会しよう」ということで、解決できるようになっています。

社長はセルフマネジメントを機能させるためにいくつかのグラウンドルールを設定していて、キャッシュフローとか予測表みたいなものは作っている。だからといって、「この数字を絶対達成しろ」とかは一切いわない。というような感じでやっているのがビュートゾルフですね。

9章

階層構造がないのがティール組織ではない!

〔解説〕

ビュートゾルフでは、ひとつの看護チームが10～12人。40～50のチームをひとりのコーチがサポートしています。コーチは「幅広い視点」から現場にアドバイスをしますが、一切の責任も権限もありません。オレンジ組織だと、幅広い視点が要求される人には地位を与え、待遇を良くし、責任と権限を持たせます。ティール組織でも全員が同じなのではなく、「幅広い視点」と「専門性」などの機能の違いは尊重されますが、それらの間に上下関係はありません。

一般にティールというと、階層構造がないことだという誤解があり、マネージャーをなくすと同時に、この「幅広い視点のロール」までなくしてしまい、破綻に向かうケースが多いことが語られます。

セミナーの実録

嘉村　ティール組織の中でもビュートゾルフはかなり特殊な形態でもあるので、少し一般化してここからお話しししたいと思います。ティール組織と比較した場合にオレンジの特徴を挙げていくとすると、最大の発明が実力主義。もうひとつ私が思っているのが、結果責任を担うという役割を発明したことと思います。それをリーダーとかマネージャーとかその他の管理職として名付けた。

普通は役割っていうと、ライティングするとかプログラミングするとか、会計処理をするっていう仕事内容を意味することが多いですが、マネージャー、リーダーっていうのは、結果責任というものを持っている。なので、計画作りもすれば、モチベーションアップもするし、何か抜け漏れがあったら穴を埋めるっていう仕事もするし、クレーム対応もするし、なんでも屋さんですね。

経営サイドから見ると、結果責任を課して次の層に役割を振ると安心しますよね。ここでマイクロマネジメントがあろうが、穏やかにやろうが、結果さえ出していれば回るので。辞めてしまっても採用でまた入れればいい。安定するには、「結果責任マネジメント」はすごくいい方法だと思います。

それをティールは手放しました。ここでよく間違えるのが、ティールって非階層なんだと。脱ヒエラルキー組織＝ティールという誤解をし、「マネージャー廃止」と。「これからは自由だ」っていうような感じにした時に、だいたい起こるパターンが3つくらいで。「カオスで混乱して終わる」。成り立たなくなる感じと、「あ、無理」となって元に戻る。もうひとつは、脱ヒエラルキー組織はティールっぽいんですけど、実際はティールっぽくなっていない組織が本当に多いです。ただ、社長が全メンバーフラットに面倒見ているだけと。だから、仕事は社長の目の色を気にしながら全員やっている。

三番はティールに近い、ティールともいえなくはないんですけど、じつはグリーンに属するかなと思うのが、器の広いリーダーの元、階層をなくしたっていうもの。現場がいうことに対して、「いいね、いいね、やってみな。やってみな」って感じでかなり否定はしないんですけれども、でも一応メンバーとしては常に社長に伺ってやらせてもらって、でもその中で結構自由に意思決定するっていう場合もある。でも社長がいないと機能しないっていうのはあったりもします。だから、ティールに近いグリーン。これがかなり多い気がします。

ビュートゾルフの事例でいうと、チームに対してコーチがいるっていう感じなんですけど。これは権限がないんですよ。権限も責任もない。ただ、組織には、やっぱり幅広い視点で見ている人と、目の前の人に集中するっていう役割の違いがある。ラルーさんは「スペシフィック」と「ブロード」っていう言い方をしていますけれど、それは、良い悪いじゃなくあるって感じです。

従来の組織だと、このリーダー、マネージャーの方が難しい仕事であり、レベルが高く、給料が良いっていうモデル。だけど、ティール組織でいうと、ただ幅広い仕事をしているか、ただ目の前の専門的な仕事をしているかの違いだけで、このふたりに上下は一切ないわけですね。

実際、オレンジで起こっていることっていうのは、現場で優秀な結果を出した人がリーダーになって、次の管理職になってっていう中で、「本当は現場でやりたいのにな」とかって思いながら、「マネジメント業務をやって、でもそれは得意じゃないから全然できなかった。でも、組織構造的にマネージャーになっていった方が給料も高いし、尊敬も集まるし、なんかそっちやっといた方がいいのかな」っていう中で、ブロードの素養がないのに管理職にいってるっていうのがあったりして、崩壊していくっていうこともよくあるパターンかなと思います。

なので、ティールの特徴としては、幅広い系と専門系が対等であり、お互い良い影響を与えてるってことですね。それが、あるティール組織の中では幅広い担当、専門性っていう場合もありますし、複数役職大歓迎のティール組織でいくと、幅広い業務もするし、専門的な業務もするし、っていうことで流動的に起こっていく、っていう組織もあるしいろいろなパターンもあります。

この階層構造をいきなり壊して、とんでもないことになるっていうパターンがものすごく最近多いので。この決して幅広いロールがいらないわけではないっていうところが、かなり意識しておいた方がいいかなということでちょっと補足説明をさせていただきました。いくつか事例をこの後も紹介したいと思いますけど、ビュートゾルフの中で何か質問とかコメントとか意見交換できればと思いますが、いかがでしょうか。

塾生6　いまの若い子が上に上がりたくないっていうのは、良い傾向になってるってことなんですか？

嘉村　良い傾向か……どうなんでしょうね。それがなぜ上がりたくないか…別に権限をそもそも求めてないみたいなところは、良い傾向かな。権力志向でないみたいなところとか。出世欲がないが別に悪いことではない感じはしますけどね。あとは明らかに、上司が幸せそうじゃないみたいなものを見ているとかですね。なんともいえないですけど、みんなどう思われますか。

天外　基本的には人類の進化だと思いますけどね。わりかし葛藤が強くて、葛藤を戦いのエネルギーとして戦ってる人は、のし上がりたいわけだよね。でも、その葛藤が減ってくればのし上がりたくなくなる。さっき述べた実存的変容を起こして「ティア2」に行ってしまうと、まったくのし上がりたくなくなるわけ。まず、絶対に選挙に出ない。立候補しないよね。だから立候補して国会に行くっていうのはだいたい「ティア1」ばっかりになる。これが大変でね。だから政治が社会の進化の一番最後になっちゃう。

塾生7　ビュートゾルフのコーチの人が、面倒見てるというか幅広く見るという。具体的に、訪問介護の現場で、どんなことをお話ししたりアドバイスしたりするんですかね。専門の看護師とは違う位置から。

嘉村　これ僕も完全にビュートゾルフのことに詳しいわけではないので、まだつたないと思うんですけど、どっちかというと、待ちになると思うんですね。「May I help you ?」で「何か困ったことはないですか?」っていう形で。基本は、現場が意思決定していく中で、ちょっと困ったことが現場で起こったと。そしたらコーチに「何かこれに強い人、専門家でいませんか?」とか。「こういう事態がうちで起こっちゃってるんですけど、チームの解決の仕方として何か良い方法はないですか？」とかっていうようなことを。それはコミュニケーションの問題もそうだし、利用者さんの満足度の話かもしれないし、専門性かもしれないしとか。そういうものに困って自分で自己解決できないなと思ったら、コーチに「なんか良い人いませんか？」、「良い情報ありませんか？」、「良い成功事例ありませんか？」みたいなものを聞いて解決するみたいな。そんな役目。

塾生8　マネージャーがそこにいるのと、コーチがいるのとでどう変わるんですか？

嘉村　マネージャーもいろいろなパターンがあると思うんですけど、「じゃあこれやりなよ」っていうところが、かなり強かったりする。コーチの場合はただの情報提供ですよね。基本的に12人が決めていいことになってるし、責任を持っているので、本当に心のこもったアドバイスしかない。その人たちが本当に利用者さんに向き合える環境を用意してあげようというような感じの思いのこもったアドバイス、情報提供をしていると。

天外　ちょっとコーチの働きがいが心配。だいたい現場経験の豊富な人がコーチになってるんだよね。看護師さんっていうのは、だいたい現場が好きな人ばっかりで、それが経験豊富な人がコーチになって、権限もないし、偉くもないと。働きがいあるだろうかと。ちょっと心配になる。

嘉村　回答になるかわからないいいんですけど、現場のミッションは「とにかく利用者の幸せ」で。コーチは、「働くメンバーの幸せ」っていう。ちょっとミッションが違いますって感じ。

結構大きなことを最近知っちゃったんですけど、ビュートゾルフは全員兼業らしいです。別の仕事もやってる人らしいんですけど。そういう中のいろいろな経験の、幅広い経験とか視野で組織に貢献したい人と、やっぱり現場で利用者に接して貢献したいという人っていう、自分の何を使いたいかで幅広い方で貢献したいという人が何人かいるっていう感じなんだと思います。

あと、多くないっていうのもあると思います。じつはこれすごく面白くてですね。40〜50チームをコーチで見てる理由っていうのがあって。ちょっと多めの設定なんです。綿密にチームを見れてしまうと、どうしても口出ししすぎると。手薄になるくらいの数だったら、ちゃんとチームの自己決定を阻まないっていう経験があったらしくて。なので、手薄になるような多めのチームをコーチしてる、っていう感じで、コーチの数も1万人のうち本当に30人とか40人とかそのレベルなので。多くないっていうのもあるかもしれないですね。

ちょっと、仮説も憶測も入っているかもしれないので、ぜひ訪問に行くなり…。あと日本に堀田聰子さんという研究者がいてですね。彼女がなぜ面白いかというと、ある元々医療福祉分野の専門家でオランダに留学してたんですけど、その時にある難易度の高い障害か何かの事例を調べたくて、いろいろな事業者さんに訪問に行ったら、「流石にその事例はやってません」「その事例はやってません」って断られ続けてたんですね。そしたらある事業者さんを訪ねた時に、「もしかしたら、すごい田舎ですけど、ビュートゾルフという団体があって。そこならその重度の難易度の高いケースでもやってるかもしれませんよ」ということを聞いて、堀田さんは、全然聞いたことなかったんですけど、その田舎のビュートゾルフを訪ねて、見学に行ったら実際にやってたんですね。その時が100人くらいだったらしいんです。

それで堀田さんはすごい興味を持って、しょっちゅう出入りするようになって。3年間で3000人、4000人増えてったっていう、結果論で組織を見たというよりも、100人から3000人、4000人になっていくプロセスを全部見てた方なので、よりリアリティの高い話を。

もし興味があれば。堀田さんとか、あと、代表のヨス・デ・ブロックは、日本が大好きで、経営学者の野中郁次郎さんが大好きで、結構来日されていますので、ぜひ聞きに行くといいかなと思います。最近ちょっと見学は、かなり候補者が多いらしいので。ヨスに会えるかどうかわからないんですけど。

塾生9　うちの課長さんクラスっていうのが、課長の職にいるけれども課長の仕事をしてくれない。そうすると我々一般人は、お互いある意味横で助け合い出すんです。この人もリーダー、この人もリーダーってなるべく引き合うようにする。それはすごくいいことかなぁとは思うんですが、やっぱり最後はまだ部長さんくらいのところにパワー志向の人がいて、ガンって押さえられるから結局はうまくいかない。
　そこで質問です。さっきも出ていたんですけど、組織のあり方を変えてく時にやっぱり、いまの組織を変えるのってすごく難しくて、別のちっちゃいものから作っていくということになるのかなぁって、いまのビュートゾルフの話を伺っていてもそう思ったんですけど。その辺りってどのような感じですか？

嘉村　スタートアップからするのが簡単ですよ。それはラルーさんもいってますし。でも、変えることができないか、というとそうでもないっていう事実もある。大変さはやっぱり既存の組織を変容するっていうのが、個人の変容もそうですけど、変容っていうのは大変です。さらに大企業になると難しいと思います。
　なので、ティールに進むっていうのは、社長の緩やかな最後のトップダウンみたいなのがあるので、決意して手放してっていうことが中小だったらすぐできるんですけどね。ただ大企業になるとその社長がティールに興味を持ちにくかったりもしますし。部署単位で実験してみるとか、ティールをチームに取り入れるとか、なかなか難しいところはありますよね。

10章

ティール組織では、誰か個人が責任を負うことはない

ティール組織では、創意工夫が許されるかわりに、個人に重い責任を負わされ、結構プレッシャーの強い毎日になるのではないか、という疑問が出されました。賢州さんからは、トータル・レスポンシビリティ（全体責任）という考え方が示され、誰か個人が責任を負うことはない、という説明がありました。

天外から、おかしくなった頃のソニーで、次々にスケープゴートが血祭りになって辞めさせられていった生々しい話が語られました。責任という言葉は、すぐにスケープゴートに結び付きます。

オレンジ組織では結果がすべてなので、それぞれの階層のマネージャーが結果責任を負うというのが常識です。ホラクラシーでは、デシジョンの担当を分散しますので、マネージャーに集中することはないけど、それぞれの担当者が結果責任を負うことになります。

ティールでは、結果に執着しないので、そもそも失敗という概念がなくなり（ティール組織金言集⑥）、したがって「失敗の責任を取る」という考え方がなくなります（ティール組織金言集⑨）。この観点からは、ホラクラシーというのはオレンジ組織をティール移行するための過渡的な組織形態ではないか、という意見が出ました。

普段私たちが何気なく使っている「責任」という言葉の意味について、思いもかけずにとても深い議論ができました。この章は、「ティール組織」の神髄を理解するためにとても大切な内容になりました。

セミナーの実録

塾生10　自分がですね、かつて組織にいた時のことを思い出しました。評価権限がある人に、おもねらなきゃいけない。上司の顔色を窺って、怖い思いをしながら奴隷契約を結び働いている。ネガティブな感じだったんですけど。さっきのお話を聞いて、もらってたものもあるなと思って。要するに、決めてもらえる安心感。それをもらう代わりに、奴隷契約を結んでたんだなぁってことを改めて思っていました。

じゃあティールっていうところで働くと、個人で責任を取らなきゃいけない代わりに、創意工夫の余地が許される。どっちを選びますかみたいな……。

嘉村　ありがとうございました。この問題はすごく面白いですね。そこで問いがひとつだけあってですね。先ほどのチームのシェアでも、個々人の責任が重くてアドバイスプロセスもちょっとやれる人とやれない人がいると。自由と引き換えに個人で決めないといけないし、大変でそれに合わない人もいるのかっていうところで。「ティール組織は個人の責任が重いんだろうか」っていう問いをちょっと考えると良いのかな、と思います。

塾生11　多分ですね。上司からいわれてやらされ感でやるというよりは、自分たちが自分たちでやりたいことを自分次第で決めてやったという達成感とか、やりがい。そういうものが感じられる組織になるんじゃないかな?

嘉村　この前、ラグビーU20日本代表元ヘッドコーチの中竹竜二さんっていう方と対談させていただきました。彼は監督時代に結構もう手放してた。自由にさせてたんですけど、ずっといっていたことが、「もうとにかく自由にやってくれ」と。「好きにやってくれ。責任は絶対俺が取る」ということをやっていたらしいんですね。それで自由にやってもらってた時に、ある時に出てきたのが、口癖の「俺が責任を取る」っていった時に、リーダー格から「いや、俺が責任を取りますよ」と。「監督は結局何にもやってないんだから、俺が責任を取ります」と。「俺の動き方次第で今回勝つか負けるかなんです」とかいう話になって。

さらにそのメンバーが「いや、違うやろ」と。「僕が責任取ります」というような感じの発言がどんどん生まれてきた時に、結構僕が反省したというか。「自由っていうことは、責任もあるんだよね」っていいがちな自分がいるっていう話。それいわれても責任感は生まれないなっていう。

責任感って湧き上がるもの。僕は持てといわれて持てないものが、感謝と思いやりと責任感と主体性。このあたりは、いくら標語で掲げても絶対に、あと何度繰り返しいっても生まれないっていう。感謝に見える行動は取れるし、思いやりがあるような行動は取れるし。だけど、全部湧き上がるものが本当の姿。

「自由ってことは責任を持てよ」っていいがちなことをやってたな、みたいなのがあって。ティールに移行する時に、それをやってるとやっぱりちょっとオレンジマインドでメンバーに自由な環境を作っている現れなので、ちょっとうまく行かないかもしれないなっていう。ちょっと衝撃的なことがありました。

天外　感謝と思いやりと責任ともうひとつ何?

嘉村　主体性。それをやらせようとすると、ほぼこぞってそう見える行動を。これは結構いい会社という評判な組織で研修とかさせていただくと、笑顔とか朝挨拶とかしてくれたりするんですけど。仲良くなった時に、結構裏の愚痴をあちこちで聞かされるという経験をかなりいっぱいしているので。どうやったら笑顔が本当に溢れる、湧き出すかを考えるのが大事。だからホスピタリティをコンピテンシーにしたら絶対にダメだなと思いました。で、そういう風に「責任って湧き上がるものだな」っていうのが一点お伝えできればなと思った気づきと。もうひとつが、ティールはトータル・レスポンシビリティっていう全員が全部の責任を持っているという言葉と、スチュワードシップっていう言葉があるんですけど。たぶんいっていることは、存在目的に対して、たまたま自分がその役割を発露しているだけであって。それは、この組織全体を使って実現すればいいだけであって、あなたが責任を背負わなくていいっていう。

あなたがただその窓口なだけだから、得意じゃなくても役割を担えるし、それを本当に失敗も許容できる安全・安心な仲間とアドバイスプロセスで進めていけば、できるじゃないっていう。そんな感じ。だからコミュニケーションが得意じゃなくても、そこに能力がなくても、強いリーダーシップがなくても、アドバイスプロセスをやればできて、それを全員がちゃんと責任感を持ってサポートし合えるからだ、っていうなんかすごい安心なものを背負ってアドバイスプロセスが走っています。基本自分で決められるから真剣に考えて責任持てよ、とは違う感覚な気がするので、プレッシャーはそんなにないんじゃないかなっていう気はちょっとしています。ちょっと参考までに投げ掛けさせていただきました。

塾生11　武井さんのダイヤモンドメディアではどうですか？　プレッシャーの有り無しみたいなのは。実際のところ。

武井　プレッシャー……。話が出ないですね。そもそも。誰の責任とかなくて。でも、やっぱりうちの会社は、すごい不動産領域のいままでまったくないマーケティングサービスとか作ったりしてるんで、めちゃくちゃ不確定要素の多いマーケットにいるんで、難しいんですよね、事業の動きが。

僕らもその中での振る舞いってすごい難しくて、事業がなかなかブレイクスルーしない葛藤っていうのがずっとあります。ようやく最近そこが解け始めてきてる感じなんですけど、やっぱりその葛藤の中だと、誰のせいとかっていうのが表に出ることはないです。

基本的には「みんなでこの状況をどうにか良くしていこう」っていう風に取り組んでい

ます。だけど、人間の感情なんで一言で説明できない。いろいろな感情がずっとぐちゃぐちゃしてますよね。僕の立場から「もっとできることないかな」とか、「申し訳ねぇな」もあったり、「俺だったらこうやるのに」とかもあったり。

仕事している人たちそれぞれで何かいろいろなことがあって。これを一個一個整理してやっていくって、ほとんど無理ですね。人間の感情って言葉でカテゴライズしようとすると要素が多すぎて。一般的に仕事っていうと、だいたいこうタスクを扱いやすいようなワークパッケージって落とし込んでいって、それで管理していくじゃないですか。感情ってそれができないんですよね。最近ようやくなんかそこの糸口みたいなのが見えてきた気がして。でもその取り組みは僕もやってないんですけど。やっぱりある程度、チームの中でも役割分担みたいなもの、それぞれが何にコミットするのか。

コミットっていうのは、結果にコミットじゃなくて、気持ち。感情論の話ですよね、むしろ。やりたいとか、やりたくないとか。できる、できないよりもその熱量的なところ。それでそれぞれが、お互いどこまでそれに意思があるのかないのかを、あることが良いとかないのが悪いとかじゃなくて、整理するっていうことを今やり始めています。

面白いのが、それをやっていくとブライアン・ロバートソンが作ったホラクラシーの形に似てくるんですよ。ただ、ちょっとまた違いますけどね。

天外　ホラクラシーはデシジョンする人を決めていく。ということは責任を持たせるわけだよね、その人に。それとティールは全然違うような気がして。ティールというのは、「責任て何か」っていうのをもうちょっと考えないとわからない。

責任というので、ふといま浮かんだのは、責任っていうのはエゴに引っ付いているもんじゃないかというのがひとつと。それからもうひとつは、結果にコミットメントするから責任が付いてくる。

ティールっていうのは結果にコミットしないよね。そうするとその責任の重みっていうのがなくなるんじゃないかという。両方とも仮説。

武井 ブライアンの作ったホラクラシーって、恐らくなんですけど、元々ヒエラルキーのオレンジ型組織を変えていくための手法に寄っている気がします。彼らのやり方はすごく理に適っていると思う。ただビュートゾルフだったり、最近のティール的な組織って、そもそもヒエラルキーで1回作ってない状態からやってるっていう気はするんです。

そこで僕らはいま、それの形が結構見えつつあるのかなと。そういう取り組みをやってる会社が前より増えてきたので。うちの会社よりやっぱり規模が大きいところの方が組織立ってそういうのをやるためのフレームワークやルールというのが結構あって。それをいま、いいとこ取りをしてるところですね。

天外 責任ってさ、上手くいかなかった時にさ、誰をスケープゴートにするかっていうためにあるんじゃない？

嘉村　責任って言葉を本当に再定義していったり、もうちょっと見ていかないとダメですね。

天外　なんで責任なんて言葉が出てくるんだろうと。

武井　英語でいうと、レスポンシビリティっていう言葉は結果責任で。アカウンタビリティって言葉もあるじゃないですか。

天外　あぁ、アカウンタビリティ。説明責任かな。

武井　これすごい頭整理しやすいなと思って。アカウンタビリティはすごい必要だと思ってて。それがアドバイスプロセスであり、プロセスを共有することで、説明責任を果たすっていう。ただ今の上場企業とかって、レスポンシビリティの話であって、結果にコミットとか。そうするとやっぱりモラルが壊れちゃうっていうか。結果さえ出したらいいんでしょみたいな。

天外　塾生13さんは何年入社？

塾生13　1990年です。

天外　1990年か。それじゃドロドロの時を知ってるわけだよな。某S社の。
某S社がドロドロになった時にさ、次々にスケープゴートを作っていったんだよな。俺はトップと大喧嘩しちゃったんだけれども。スケープゴートにはならなかった。でもスケープゴートにされたのが随分いたし、すごく優秀なのが大勢辞めさせられてた。本当は、どう見てもトップの責任なんだけどね。トップは権力を持っているから、誰かのせいにしてやめさせることができる。自分は責任を取らないのね。これは見ててね、ものすごい憤りも感じたし、気の毒だと思ったし。本当はやっちゃいけないことだと思うんだよね。でもスケープゴートが決まるとみんな安心するんだよな。自分には被害が来なくなるからね。

武井　魔女狩りみたいなもんですよね。

天外　魔女狩りみたいなもんなの。その後ろに責任って言葉があるわけよ。なんか責任っていう言葉はね、もうちょっとよく考えないと。あんまりいい言葉じゃないよな。

嘉村　うちの組織では、「自由と調整」という言い方をしてるんですけど。完全に自由でもやっぱり迷惑をかけてしまう部分もあったりする。例えば育児で半年間休みたいとか、ちょっと自分を探求するためにしばらく休むのとかもそう。誰にでもやれる権利はある。でも、それをすぐにポンポンっとやってしまったら成り立たないけど、スムースにできるために調整していくことは誰にでもできる。

天外　賢州さんだって1年休んだわけだもんな。調整したわけ?

嘉村　僕の場合は、10年続いた組織を1年半くらい前から、まず仲間に「1年間ちょっと休みたいと思うんだけどどう思う?」っていう話をして。そしてお客さんにも「1回1年休むんで全部ストップさせて欲しい」ということを、謝って周るということをして。

で、1年半後に1年間休暇を取るっていうので、このティールと出会うんですけど。それしましたね。結構ドキドキしてすごい僕の中でメンバーに絶対反対されると思ってたんで。いろいろな質問の問答を「こういわれたらこうしよう」とかっていうのをずっと考えてたんですけど。いった瞬間「いいんじゃない」っていわれて……。

そしたら、僕が休んだ3カ月後くらいに、副代表が男性なんですけど、「1カ月後から2年間育児休暇取りたい」とかっていい始めて。全然タイムスパンもなく休んだので、僕は準備に1年半もかけたのに「あれ?」と思ったんですけど。いまは、うちの女性で小学3年生の子がいるスタッフが「6月から半年間ぐらい休みたい」といったので。「いいんじゃないんですか」って。休む調整に入ってる感じですね。それをちゃんと調整する。

だけどやっぱり、うちの組織も結構そういうのがパーンと出た時には誰かがそれに対して、尻拭いをしてるみたいなことがあった。ちょうど昨日そういう話し合いがあって、「なんでもいい合おう」っていう話し合いをした時に、そのことを誰かがいって、「やっぱり自由と調整がないと誰かが傷つくから、自由なんだけど調整をし合ってやった方がいいよね」っていうのが確認された昨日の合宿でした。

11章

ティール組織では「エゴ」をどう扱うか？

〔**解説**〕

フィンドホーンなどのカウンターカルチャー時代にできたコミュニティは、F・ラルーの分類では典型的な「グリーン」になるでしょう。皆が「いい人」を装っているので、ちょっと気持ち悪いというのと、意外に内紛が多いとの指摘がありました。

「エゴ」がないふりをして抑圧しているのは不自然なのではないかという議論の後で、ダイヤモンドメディアでは「エゴ」をどうとらえているかという発言が武井浩三さんからありました。そこから本章は始まります。

オレンジは、強さとかタフネスの鎧を着て戦っているし、**グリーンはポジティブの鎧**を着て外見はよい会社に見せている、という賢州さんの解説がありました。ティールは鎧を脱いだ状態のはずなのですが、人間はどうしてもエゴが顔を出すことがあります。会議中にエゴが出たと気づいたらチベタンベルをならす、などさまざまな工夫が語られます。

セミナーの実録

武井　僕らの会社って、エゴが出た時にすぐわかっちゃうんです。これは僕の解釈なんですけど、エゴって単なる人間のエネルギーだと思っています。それ自体に良いも悪いもなくて。ただそのエネルギーが自然の摂理みたいな原理原則から逸れた時にエゴになってしまう。基本的に原理原則に則っていれば、みんなにとっても良いものじゃないですか。でも逸れると、ある人にとっては良くて、ある人にとっては悪いみたいな。偏りが生まれる。そのエネルギーがちゃんと良い方向に向かってのるかズレてるのかって、本人にはわかんないんですよ。うちの会社だと、情報の透明性と力の流動性っていって、肩書きとか構造的な権力を一切失くすことによって、これがズレた時に違和感が出ちゃう。自分が知らないことを誰かが「これはこうだからこういう風にしようと思う」っていわれた時に「わかんないから、じゃあそれで」ってなっちゃう。ちゃんと見えていれば、「それおかしくないですか？」ってなりやすくなる。

物事を役職で決めないから、「じゃあ誰々さんがいうなら」っていうことがない。議論が忖度で終わらない。きちっと修正が早い段階で効く。

地震みたいなものだと思うんですけど。地震って、ちっちゃい地震が起こらないで溜まっていくと、あとで大きい揺れがボーンってくるじゃないですか。そんな感じでうちの会社って、ちっちゃい問題がずーっと起きてるんですよ。だから他の会社の人とかが新しい人が入ったりすると「なんだこの会社。問題だらけじゃねぇかよ」みたいに見える。

天外　良い人の振りをしてるっていうのは、全体性を発揮してないってことだよね。だから、ラルーさんはものすごく簡単に書いてるけど、全体性を発揮するってすごいことなわけ。全体性を発揮するとぶつかるよ。ぶつからない仲良しグループっていうのは、逆にいうと全体性を発揮してないかもしれない。

塾生14　いつも出勤前に自分でシャッター降ろして行ってたなってことを感じました。

天外　俺なんかずっとそうしてたからね。社用車で通ってたけど、多摩川渡るあたりでシュシュっと全部チャクラを閉めて鎧を着て戦ってたよね。重い鎧を着ても、素早く動けるのが大会社では偉くなってるわけよ。

塾生14　その鎧って例えばどんな感じなんですか？

天外　なんかいつも強いふりをしてたよね。何があっても動じないという。それから戦いモード。俺の場合は上とばっかり戦ってた。下とは戦わなかったよね。趣味みたいなもんで、上と戦う方が面白かったから。

嘉村　オレンジは、強さとかタフネスの鎧を着て。グリーンはポジティブの鎧を着て、外から見ると相当良い会社だねっていわれるパターンが多い。そこでは経営者が良い会社レースを始めるので、うちの組織こそ良い会社を作りたいって。段々自然に笑顔を強制するようになって来る。じつは影で悪口が横行しているって……ちょっとポジティブ寄りの組織はそこそこあるんじゃないかなって感じがしますね。

塾生16　このティールを目指すには、経営者の意識的変容っていうのが大事な鍵になるんじゃないかなと思ってるんですけど、これ頭で考えてできることでもないし、何かヒントがあったらなと思って……。

嘉村　ある人は自分自身が変容の旅をしていきたいのか、そのままでいいのかっていうところ。まず変容の旅をスタートするかどうかっていうところを自分の中で決める必要があると言っています。決めなくても勝手に変わる様な出来事が起こってくるって人もいますけど。

その上で、一番シンプルなのは、天外塾に行くとかコーチをつけるとか、立ち止まって考えるとか。やっぱり変容って弱さと向き合ったりすることだと思いますし、基本的には人間は生存本能が高いので、向き合うことを避けようとすると思うので、コーチを付けたりとか、そういうことをありのまま話せる様なワークショップとか対話の会に行くと、ペースメーカーにはなっていくだろうなっていう感じには思います。

ラルーさんがいっているひとつの事例として、「組織内に鏡の役目の役割を任命してはどうですか？」っていう。これ結構衝撃なんですけど。自分としてはまだオレンジな気がしていて、でもうちの組織としてはティールというか、まぁ一人ひとりが輝いて新しいステージに行こうと思っていると。だから、俺はもう強い指示命令とかコントロールを手放したいと思ってるけど、まだまだそういうマインドが出てきてしまう時があると。同僚でも後輩でもいいんですけど「あなたを鏡に任命する」と。「俺がそういう様な振る舞いが出たとか発言が出たら、出たよという役目をやってくれ」と。「出たことによって絶対怒ったりとか処遇を悪くしたりとか絶対しないから、鏡としてやってもらえないだろうか」っていうことを、それを断る権利もちゃんと与えて。それで、「どうですか?」といってやってもらう人を作って。絶対いわれた時は、怒りたくなるけど1回ちゃんとそれを飲み込む。

そうするとそれが、すごい葛藤が起こると思うので、すごく内省のチャンスで。その時にやめてしまおうとか、糾弾するんじゃなくて、何が自分の中に起こっているんだろうっていうのを内省し続けると、だんだんと「あぁ自分の中ですごく怖れがあったんだな」とか。「弱さをずっと自分だけで克服しようとしてたんだな」とかいろいろなことに気付けたりすることができて、徐々に変容していく。

「鏡を置くことをオススメしますよ」ってラルーさんはいってますけど、僕も怖くてできておりません。

塾生17　組織の中に鏡っていう話で、ホワイト企業大賞企画委員の西川敬一さんが代表をされているブロックスの企業ドキュメンタリービデオをかなり観てます。訪問したところもいくつかあるんですけど、鏡的な人がいる組織って結構多くて。それはなぜかわからないけど女性が多いんですよ。
ちょっと気が強そうで、ちゃんと社長にものがいえる女性がいて。その人が「社長なんかブレてる」とか、「それはおかしい」とかっていうんですよ。で、「あぁ、すごいなぁ」とか思って。例えばネッツトヨタ南国の横田さんのところでいうと、軍曹って小松さん。ヨリタ歯科だと新谷さん。たぶんそういう経営者の方も知らず知らずに、そういう人を育てちゃってるんじゃないかな。結果的にっていう風に思われます。

天外　そういう人をクビにしなかった人が、名経営者になる。

塾生17　そういう人にそういう力を伸ばせるような育て方をしたんじゃないかと思うんですね。忖度が上手くいかないように、いいたいことをいえるような育ち方ができる環境を作ったというか。そういう感じがします。

嘉村　クビにもしなかったし、その方には弱さも出してるかも……。

塾生17　なぜか女性だっていうのも面白くて……。

嘉村　素晴らしいですね。本当に男性は、どうしてもタフネスモードの方がやりやすくて、自分が背負うんだってなっちゃうと、組織なのにひとりも頼ってないので、そこで安心安全はなかなか実現しない。ひとりでもまずそういう人ができると、素敵だなと思いますね。鏡の人特集みたいなことやってみたら面白いかもしれないですね。

良い視点をありがとうございます。

12章

「ティール組織化」へ、もがく嘉村賢州

〔解説〕

賢州さんは、「home's vi」の運営で、元々自由でフラットな組織を実現していました。『ティール組織』が出版されたあと、自分たちが模範にならなければいけない、とあせってオレンジ的なオペレーションになってしまったという笑い話が語られます。

その後、ホラクラシーを部分的に導入したり、組織の見える化を支援するツール（グラスフロッグ）などを導入して、組織運営を工夫していった経緯は、多くの人に参考になるでしょう。

セミナーの実録

嘉村　では、いまから簡単にうちの組織でどういう試行錯誤をしているかというところを、ちょっと恥ずかしいんですけどもお話したいなと思います。

私の組織は、２００８年に作った組織で、いま10名います。そのうち、ファシリテーターというこういう場でワークショップをしたり、進行役をするようなスタッフが5名です。ホームズビーという名前の組織なのですが、特徴として「内の幸せ」と「外の幸せ」の両立っていうのをすごく大事にしていて、自分たちが疲弊してても継続的に世の中を良くできないし、自分たちが幸せでも世の中がそれで寂れてるっていうのはなかなか悲しい。

それでどうしても内を犠牲にしがちなんで、両方とも全力で実現したいねっていうような思いです。勤務時間とか特になく。固定席とか、固定勤務先も特になく。好きな時に好きなだけ休んで良いって思ってるので、小学生のお子さんがいるお母さんが半年間休むっていう決断をしたのも素敵だなって思ってます。

基本的には指示命令とかもなく、勝手にみんな仕事して、プロジェクト作って、誘い合ったりっていう感じです。承認プロセスも特にないので、どんどん勝手にプロジェクトが立ち上がってきて、それはOKとか良くないとか僕はしたことがないです。

3カ月に1回くらい合宿したいねという方針で、とことん腹を割って話しましょうとやってますが、やっぱりちょっと忙しくなっちゃって、泊まりじゃなくて1日になっちゃったりとかっていうようなことも最近は起きています。

うちらしいエピソードとしては、少ない人数なんですけども事業方針として新規プロジェクトを立ち上げるときはできるだけ組織内のメンバーだけで完結するのではなく違う団体と組んでやりましょう、って。仕事を通じて理解し合えることがあるので、そういうようなプロジェクトをどんどん立ち上げましょう。全然黒子でいいので、そのプロジェクト自体はホームズビーの名前を出さなくてもいいと思っている。

まちづくりとか組織変革などをいろいろやってるんですけど、コンペに負けても、目的のためなら手伝おうと。ちょっと悔しい悲しい気持ちはあるけれど、応援することでより良い社会インパクトがあるなら手伝おうと。悪口はいわないという風にしています。

先ほど話しましたが、4年前くらいに1年間私が休暇を取って、その後に副代表が2年間の育児休暇を取り、理事のひとりが2年間武者修行で沖縄にいきました。行政からうちに転職した人だったんですけど、行政の世界しか知らないのはもったいないなっていう風に思っていて。ひとりで2年間沖縄に行って、知り合いの沖縄の経営者さんのところで働くっていう人材交流をしています。

基本的にお金で仕事を断るということはしません。これが自分たちを苦しめてる理由にもなっているんですが、同じような仕事でも1000円から50万円の幅で、うちのみんな優しいので引き受けちゃう。年間100~150本ワークショップしているんですけど、給料は全然少ない。

でも逆にいうと、営業っていうことを一切せずに150のワークショップができているっていうのは誇っても良いかなって……。売り込みとかメールを一斉に流すとかせずに仕事が入っているのは、嬉しい話だなと思ってやっています。

当時からティール っぽい部分は多かったと思います。コントロールもないし、それぞれすごく自由にやってる。本を読んだ時にすごい共鳴共感して。何を思ったかっていうと、「日本で一番はじめのティール組織になりたい」、「これは見本になるべきでしょう」という僕のエゴが増大した。

天外 武井が先にやってた。同時くらいか。

嘉村 武井さんの方が早いと思いますよね。日本のモデルにいち早くならないといけないとか。あとはザッポスのコンサルタントをやってたジョージっていうイギリス人がいてですね。僕がギリシャで勉強していた時に出会った時に、メンターしてあげるよっていうのでウェブでコンサルをしてくれるってなった。僕もジョージに「ちゃんとこっちもがんばってるよ」っていうのを見せたいので、皆に「なんでティールの本読んでないの」とか「宿題もちゃんとやろうよ」みたいな感じ。

やっぱりオレンジモードにスイッチが入っていくんですね。そうすると、みんな優しい仲間なので抵抗とかはないんですけど、何が起こるかっていうと「そこまで賢州がやりたいんだったら、ティール化していったら良いんじゃないの」っていう感じになってくる。それは、完全に僕が引っ張ってるじゃないですか。なんかもう全然……。その時の僕はやっぱりティールという組織形態にこだわっていて、全然メンバー一人ひとりの顔を見ていなかった。これをやることによって、うちのY君が幸せになるとか、S君がこう幸せになるというよりも、こんな仕組みになったら面白いじゃんっていうところがあって、それを体現できる状態ということを世の中にアピールしたいという完全にエゴでした。

そういう状態じゃあ上手くいかないのを感じて、急がないでおこうと。そういう風になっていきたいなっていうような意図は持ちつつ、急がないでおこうという風にちょっと落ち着けたかなという様な感じです。

天外　一時はホラクラシー入れてたよね？

嘉村　今もゆるくですけど、入れてます。ホラクラシーの話は後ほどさせていただきますけれども、ティールにいく矯正ギプスみたいな感じの方法だと僕も思ってるんですけど、さっきのオレンジモードになったたっていうところから、ゆっくりゆっくり焦らずに行こうっていう風になりました。

みんな仲は良いんですけども個人事業主のようにバラバラになっていて誰が何をやっているかわからないから、予定調整でも合わないし、何かもうちょっと連携シナジーを生むはずなのに、共有するのが面倒くさいから自分でやるみたいな感じでやってきてたりした状態を、ホラクラシーっていうのを使って、少しずつみんながやっていることが全部共有できる情報の透明化っていう武井さんがよく仰っているようなことをやっている。グラスフロッグなんかを使って…。後ほどもうちょっとちゃんと説明します。

天外　グラスフロッグって何？

嘉村　組織構造を見える化するツールです。

天外　そういうツールがあるわけね。

嘉村　この後で説明します。slack っていうコミュニケーションツール、チャットツールみたいなもので、日々のコミュニケーションを全員がブラックボックスじゃないような感じで見える化していったりとか。

テンションとか感情もそうですけど、上手くいかなかったりとか、やりにくい、動けない、すべてを大事な宝物として、それによって方針を作っていったりとか、組織形態を変えていくっていうやり方をしたりとか。

10年間ずっと何のためにやるんだろうっていう話し合いを続けてきたんですけど、明文化は全然できてこなかったんですね。前回もいいましたように明文化にそんなに価値があると思ってないんですけれども、でも、あったらいいよねっていう話にもなって、仮設定をこの期間でできました。

給与の自己決定プロセスもちょっとずつ始めていったような感じです。その結果何が起こったかというと、誰が何をやっているのかの把握ができるようになりました。自由にやってるんだけども、全体像を誰も見えていなかったのが、ふわっと見えるようになってきた。前までは、わりとやっぱりグリーンに近くて、何をするにもみんなで話し合って決めるっていう。会議がすごーく長くなってしまったりとか、みんなでみんなでっていうのは、それこそ誰も責任を取ってないみたいな。最近は忙しさがちょっと減ったかな。あとは新人のキャッチアップスピードがものすごくいいですね。全部見える化すると。半年前にひとり入ったんですけど、本当にすぐ即戦力になって。「こういうことをホームズビーでしたいです」っていうチャレンジをして。

彼女がすごく良かったふたつのエピソードがあって、ひとつは、「みんな忙しすぎるから私がホールネスというロールをやります」っていう。ホールネスを体現する役割をやりますっていう感じで、みんなちゃんと1日時間をとって、みんなで味噌作りをしますって。

大豆からみんなで潰して味噌を、子どもたちも全部連れて。味噌作りデーを私がするので、みんなそこで繋がりましょう、っていう話とか提案したりとか。

そういうどうしても忙しさで重要で緊急なことに振り回される組織の中で、ホールネス的なものを入れる仕組みをいっぱい考えて提案してくれる。中途入社の新人さんがね。

かつ、彼女がですね、すごくこれは最高だなと思ったのが、ある時にですね。東京で一緒にパートナーを組んでる企業がいて、ちょっと契約書類かなんかの不備があって、緊急でやり取りをしないといけないことがありました。

その時に、東京側の会社のミスで起こったことなんですけど、最後、届ける宅配便に花屋さんで花を買って、メッセージを添えて送ったんですね。そうすると東京側の人はものすごく感動して、すごく慌ててたけど、穏やかな気持ちになりましたっていうような話をいってもらって。僕もすごく誇らしかった。

たぶん彼女は、こういう風に切羽詰まってる時だからこそ、そういうちょっと落ち着けるとかそういうことがあると良いんじゃないかなっていうことで、たぶん判断して動いてくれたんですけど。そういうことが勝手に動いてるっていうのが、すごく素敵だなって思いました。なので、まだまだ道半ばなんですけど、まぁまぁ良くなっていくんだろうなって安心感を持ったりしています。

嘉村　ちょっとせっかくなので、組織の見える化のツールを。

これはうちの組織ですけども。普通は階層構造で組織部署がある感じなんですけど。組

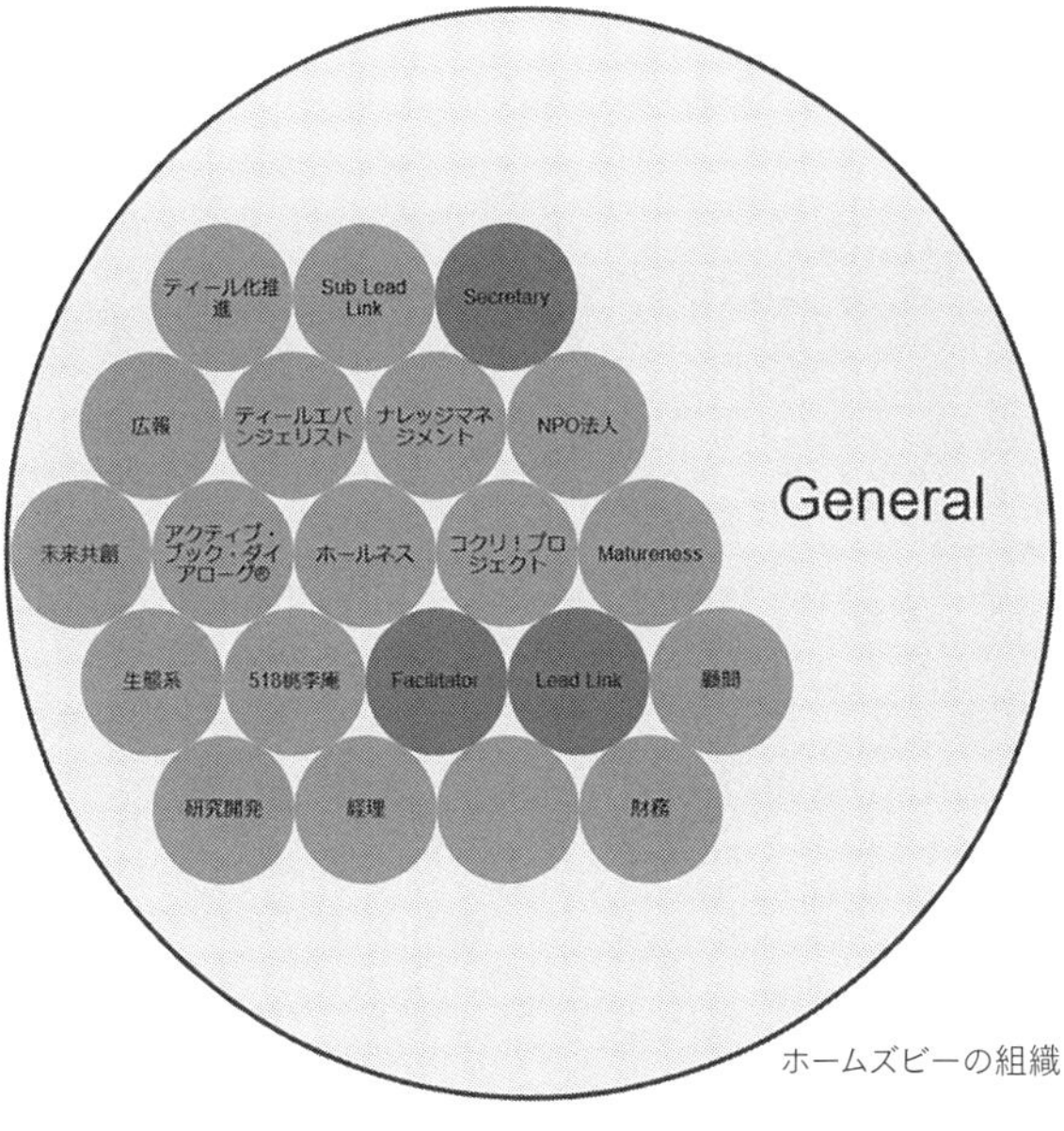

ホームズビーの組織

織内に存在する役割がいっぱい。広報とか、僕今日はどの役割で来てるかというとティールエバンジェリストっていう役割でここ（上から2段目の左から2つ目）にいるんですけど。ティールエバンジェリストとかナレッジマネジメントの役割もありますね。未来サポートfor行政っていうのは行政の仕事をやったり。そういう感じでホームビー内にある、経理とか含めていろいろな役割がこれいっぱいあって、複数に入る感じなんですよ。

例えば、ティールエバンジェリストをちょっと見ていきましょう（次ページ）。ティールエバンジェリストが何のためにこの組織に存在するのかっていう目的が「Purpose」に書かれていますね。それは、「ティー

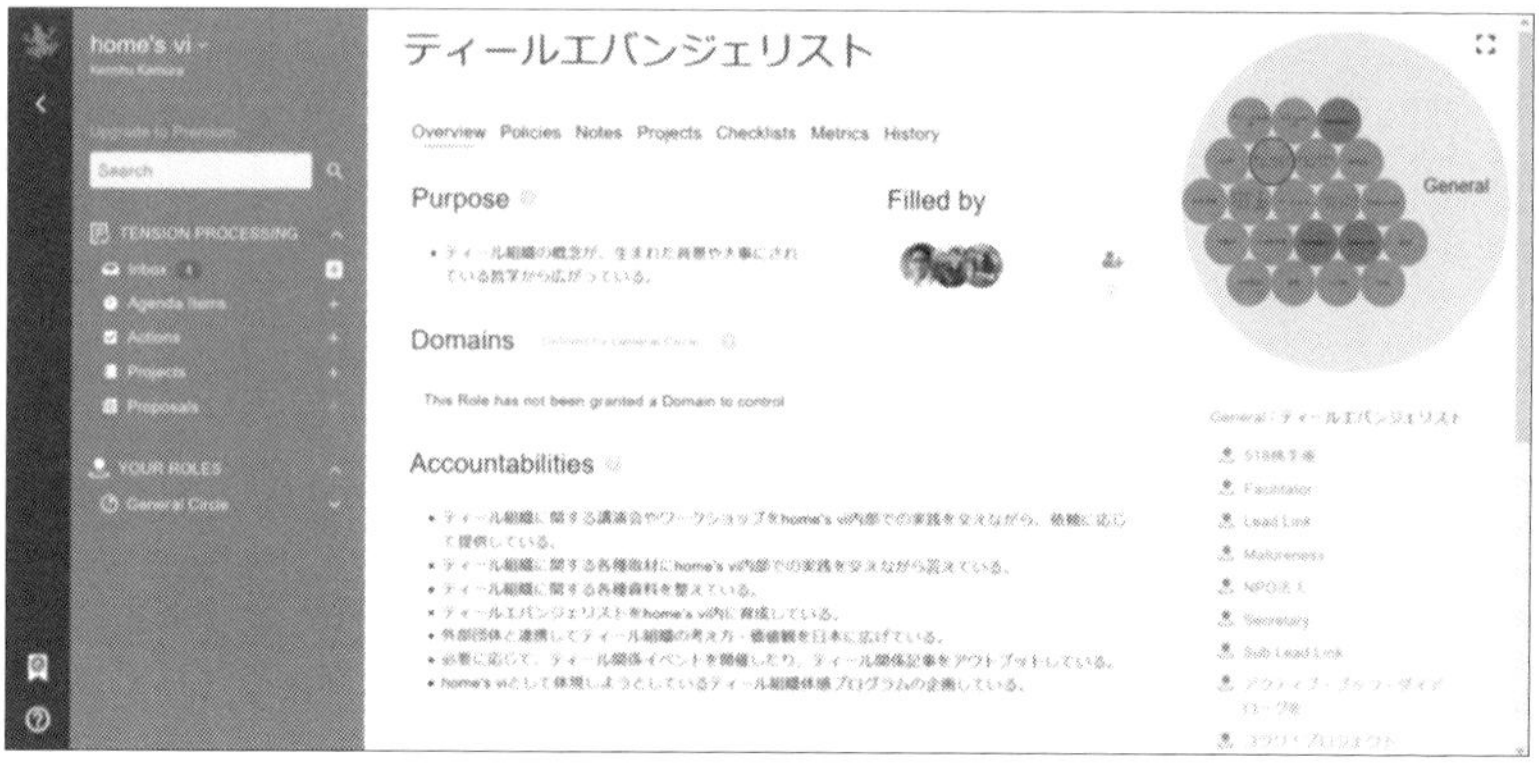

「ティールエバンジェリスト」のチャンネル

ル組織の概念が、生まれた背景や大事にされている哲学から広がっている」っていうことを目指して日々活動するのが僕の役割なんですね。

そのためにやることとしては、講演会やワークショップの依頼に応えて出るとか、取材に応えてるとかっていう、日々やってる仕事があるわけですね。それに対して、いま役割をしている人が3人いるんですけど、それぞれの役割を持っています。

こういうツールがあると何が良いかっていうと、例えば新入社員が名刺作りたいといった時に、人事担当もいないのでどうしたらいいかわからない。でも、これで検索したら、名刺担当の人がわかって、次の日には発注できる。

どんどん相互のやり取りが促進されていくっていう風になりますし。何か揉めた時っていうのは、例えばホームページ開発の担当とライティングの担当が揉めたとした時に、だいたいこれってライティングがホームページ担当に期待していることと、ホームページ担当が思っている自分の役割がズレていた時に起こるんですね。
それは、誰のせいでもなくて、「ただそれを話したことがなかったからだよね」っていう感じで、個人攻撃にせずに、「じゃあどういう役割にしていく」っていう風に変わって終わりっていうことが、もう毎週のようにこれが変わっていく中で、トラブルがある度に組織が成長していくっていう感じで、組織が動いている。以前は誰が何をやってるのかわからなかった。ベテランは組織を使いこなしてるけど、新人は誰に聞いたらいいのかわからなかった。このツールを導入してから、そういうのが一切なくなりました。

天外 これがグラスフロッグ？

嘉村 そうです。カエルの卵みたいな、っていうような感じでグラスフロッグ。以上がホームズビーの簡単な説明ですけど。何でも遠慮なく聞いてください。

塾生20 給料は自己決定ですか？

嘉村 前まではなんとなくだったんですよ。結構行政の仕事もしているので、行政の仕事って給与が何円相当で、これこれの金額を渡しますって書いてある。その金額でなんとなく決まったのがそのまま続いてるっていう感じだったんです。当然家族とかもできて来るので、いま給与も増やしたいと思ってるんですけど、そこまで全然欲がない。でも僕としても上げてあげたいなぁっていう思いがあって。それでアドバイスプロセスに基づく、「その人が本当に生き生きするために給与をアドバイスしよう」っていうのを始めました。給与アドバイス担当はふたり。

「これだけの給与が欲しい」っていうものを、そのふたりが面談でアドバイスを返してあげる。「これはちょっとホームズビーの存在目的としては、そんなに優先順位が高くなかった気がするけどなぁ」とか。あるいは「ここは遠慮しすぎな感じがするなぁ」っていうのをアドバイスで返して。最後に本人が「じゃあこれで、さらにこういう風に変更してこれで行きます」って決めます。ただ、「そういう風にします」って呼び掛けたんですけど、結局それで上げたのはひとりだけ。

あと、「いままでこういうことやってきて、今後こういうことやっていきたいんです」っていうことを僕たちもやり取りしていると、すごくいろいろな情報共有の価値ある時間になっていくので、みんなでやればいいかなと思い始めて。もうちょっとみんなでアドバイスを送りあって、最後自己決定するっていうのを、次の年度は試そうかなというかなっていう感じの流れです。

天外　そのふたりがなんとなく権力になるってことはない？

嘉村　それも起こり得るので、全体で話すっていう方がいいかなって感じですね。

天外 まぁね。12人だったら話せるよね。

嘉村 それはたぶん。ホームズビーは幸い、本当に給与にこだわりがある人がいないっていうことが、機能していると思います。それは、お母さんメンバーは旦那さんの稼ぎがあるっていうこともそうですし、他のメンバーは20代で若いから、どっちかっていうと自分の自己成長とかチャレンジできる仕事っていうのに興味がある。

でもこのままで30代になるとたぶんやっていけないので、そこはなんとか僕も彼らが稼げるようにしてあげたいと思います。

13章

テンション（緊張関係）を大切にする

〔**解説**〕

ホラクラシーの組織運営では、テンション（緊張関係・違和感）をとても大切にします。何か違和感を抱いたら、うやむやにしないで「テンション」と叫んで手を挙げて、それを明らかにすることが求められています。誰かを非難するのではなく、その違和感を生じている組織構造的な問題、理想と現実との差異を探り、オペレーションを改善していくのです。

塾生の質問の中から、賢州さんが「テンション」を拾い出し、丁寧にそのプロセスを説明します。この手法は、ホラクラシー以外の組織運営にも生かせそうです。

セミナーの実録

塾生21　階層にしたくないなと思いつつ、あれだけいっぱいあるとパッと見て把握しきれないみたいな。どこに誰が必要なんだろうって。

嘉村　まさに、いまおっしゃったのがテンションです。あまりにもロールが増えてきて、「掴めないよね」みたいなテンションがあった時に、「いろいろと解決の策があって、そういうのをコンシェルジュするメンターがいたらいいよね」とか。「そういう情報を瓦版みたいなものでまとめるようにしたらいいよね」なのか。「図解すればいいよね」とかっていうようなことを。あるいは、それ自体を解決する臨時のプロジェクトを作ってみようとかっていうものが動いて、変わっていく。それがやってみて上手くいかなかったら上手くいかなかったっていうのが、その時のテンション。それ自体は誰にも否定もされないし。そこから変化する時もみんな乗ってみようって感じで変化していくような、それが定期的にそのテンションが出せる場があって機能しています。

塾生21　その組織と。あとslackも使ってるって仰って。slackでのチャンネルのテーマは、この組織とまた関係なく、いろいろな出来事ごとにslackのテーマが決まっていって、そこにいろいろなロールの人が入っていくってそういうイメージですか？

嘉村　基本3種類で、ロールのチャットルームがあって、ロールの中でもビッグプロジェクトのチャットがあって、あとは雑談のルームとか、ネット会議室の予約連絡チャンネルみたいのがあって、それ全部を全員が見られるようになってる。ある人は普段は広報の役割はやっていないけれども、最近広報のメンバーがどんな議論をしようとしてるんだろうみたいなことは、広報のところを見たらバーっと流れて来てるのを見て「あぁそうなんだ」みたいな感じで。「今は忙しそうだな」とか「それ相乗りしよう」とかはいつでもできるようになっています。

塾生22　冒頭に出社しなくてもいいという話があったんですけど、それって別にフリーライダーを許すっていうわけでもないような気がしてるんですけど。そのテクストがないまま、出社しなくてもいいっていうだけを聞くと、やっぱりちょっと「え?」って思うところがあります。採用のところはとても厳しいとか何か前提がありますか?

嘉村　まぁ少ないからできるんですけど、10人のうちのメンバーが、基本的に全員入れたいねっていう風になってないと、勝手に追加とかはしないので、フリーライダーが出る怖れはほぼ感じてない。「むしろもっと休んだらいい」とか。「もっとこの半年休暇みたいなのがもっと増えたらいいいな」と思う。サボることが別に何のネガティブじゃない組織を作りたいと思って始めたんですけど、実際経営していくと難しいことがあって、みんなの給与を高めたいと思うけれども、なかなか上がってないとか、ずーっと考えていくうちに雑談がイラっとする状態まで来て、「このままじゃいかん」っていうので、1年間旅して。ティールと出会って、「この何かみんながんばってるのに稼げてない現象をティール化すれば超えられるんじゃないか」でオレンジモードになって、手放してと、ずっともがいてきました。

天外　賢州さんの1年の休暇は、その間給料はもらっていたの?

嘉村　もらってました。それはその前に、僕は稼いでる額の中でもらってる額をかなり低く抑えていたので、それはもらってもいいんじゃないっていう風な感じで、ゆるく決まっていったんですね。休んだらもらえないっていうシビアな世界にはしていません。

塾生22　いまのグラスフロッグの中で、役割の丸いのみたいなのがある。そのロールの「職務記述書」がしっかり定義されていますね。

私は家事もやっているのですけど。最近っていうかちょっと前の流行語で「名もない家事」、「名もない仕事」っていう。それは私いつも感じてることで。旦那は家事をやってるつもりでいるんですけど、スポットでしかやってない。

私は面でやっているっていつもいうんですよ。職務記述書では定義できない。面の部分は全部私がやって、あなたがやってるのはゴミ出し1個とか片付け1個とかそういう感じ。職務記述書に書ける。

仕事もこういう風にやると絶対そういうのが私ある気がして。そういうのをいっぱい引き受けてる人がいつも割りを食ってるみたいな。必ず組織の中にはあって。そういうのをうまく表そうとか解決しようとかっていうのはないんですか？

嘉村　まさに今のテンションなんです。「私、日々こんなことやってるのに、あなたは役割やってないじゃないの！」みたいなことがあったら、「テンション！」っていって、それをちゃんと提示する。

議論になると水掛け合いみたいになるので、そこでホラクラシーはファシリテーターを置いて、テンションを挙げた人に徹底的に寄り添うわけですよ。そうして、全部聞いて、「じゃあ、このゴミ出しのところの認識に差があったわけでしょ？」っていう話で。「ゴミ出しとは、朝ゴミを出してその後その周りを掃除することがゴミ出しです」と書いて。それで、誰のせいにするわけでもなくて、その思いの違いがあったっていうことなので、違ったというテンションの人に寄り添って、それが吸収されて、終了と。そういうことが起こるわけですね。

天外　動議を発する時に「テンション！」っていうわけ？

嘉村　そうです。「テンション！」。テンションを出した人に絶対寄り添います。そこで意見交換とかじゃなくて、テンションの人が奥底にどんなニーズを持っていて、どうありたかったのかっていうのを聞いて、それがもしかしたら、違う人に弊害とか動きにくさを作るんだったら、議論はするんですけども。テンションを出した人の心の底からの声を聴く前からアドバイスで「こうしたらいいんじゃん」とかっていうのは絶対なしです。これがテンション。

ホラクラシーは、「小さな声を守る」っていうのを徹底的に大事にしてるので。トニー・シェイっていうザッポスのCEOが「ザッポスはすでにコミュニケーションもすごくみんな取れるし、元気だし、思いを持って仕事をしてるけど、それでもコミュニケーションが得意じゃないような小さな声の人は出せてない気がするから、誰が文句言おうが絶対ホラクラシーは入れる」っていって、導入したのがホラクラシーだったのです。

天外 ホームズビーはさ、ファシリテーターが5人もいるじゃん。そういう会のファシリテーションできる人がいると思うけれども、普通の組織じゃいないよね。これファシリテーションできるのがいなかったら上手くいかないよね。

嘉村 ホラクラシーはそうなんです。ファシリテーターが結構重要で、上司風を吹かせる人が出た時に、「ウェイト、ウェイト」「いま言ってはいけないです」っていうのをちゃんと捌くことによって、この人の安心安全ができるっていうのを作るので。今の仕組み上ファシリテーターが必須なので、それもホラクラシー導入の難しさのひとつですね。

天外 ファシリテーターをまず育てないと。結構大変だよな。簡単に育たない。

嘉村 それはまさにそうです。

天外 みんな真似するとひっくり返るよたぶん。それから職務記述書。ホラクラシーは、職務記述が書けないと上手くいかないわけだよね。

嘉村 そうです。それは、やっぱりちょっと日本的にいうとやり過ぎ感がある。

天外　職務記述書がちゃんと書ける日本のマネジメントはほとんどいないんだよ。アメリカだと全員書ける。だから、ホラクラシーは日本ではなかなか上手くいかないんじゃないかと思うんだよな。

嘉村　ホラクラシーの難しいところは、ファシリテーターがちょっと実力不足だと、容易にマイクロマネジメントになります。管理者としてはめっちゃ嬉しいんですよ。明確にやることが記述されているので、「これやってないよ、これもやってないよ」ってチェックするにはとてもいいので、どんどん萎縮していく文化になる。

そうならなかったらもう安心ですよ。だって、進捗があろうがなかろうが、絶対否定もされなく守られるので。すごく安心なんですよ、これ。進捗がなかったら気軽に「進捗がなかったです」っていっていいんですよ。それに対して「なぜしなかったのか」とか「次どうするのか」とか絶対いわれない。

武井　大事ですよね。それ。僕らＩＴの会社をやっていて、こういう管理系のツールGitHubとか、めっちゃくちゃ使ってるんですよ。いろいろな種類の。その辺でよく最近話されているのは、タスクが可視化しすぎることの弊害があるねと。天外さんがいっていた「やり過ごし」。上司から来た命令を無視するとか。タスクが可視化されすぎると無視できなくなる。タスクとして上がってて、でもあんまり必要性を誰もが感じていないと無視するじゃないですか。でも、残ってるんですよ。そうすると、残してる人がタスク消化できてないっていうマイナス評価になっちゃうんですね。それって僕らの中でも起きたりして。忘れるっていうことの大事さっていうか。不必要だから忘れるわけで。

天外　いい加減なのがいいんだよなぁ。

武井　その辺との兼ね合いがすごく難しい。

天外　ソニーでは予算管理を厳重にし始めた途端に、新規ビジネスが起きなくなったね。見える化をすればするほどダメになって。例えばどんぶり勘定の頃は、新規ビジネスでいくら金を使ってても誰も気にしなかったわけ。そしたらその管理関係の会計が進んできて、新規ビジネスで1年目こんな感じ、2年目こんな感じっていってると、たちまち潰されるようになってってね。なんか世の中進むとダメになることがいっぱいあるよね。見える化しすぎると。

武井　程よいところがね。

嘉村　オレンジはやめることがすごく責任を問われる時代なので。ティールでいうとすべてが強制できないので、やりたくなかったらどんどん抜けていくわけじゃないですか。そしたらもうそれは誰がやる必要もなかったということになって自然に終了ですし。それで旧上司が「これやらないと対外的に」っていったら「じゃああなたがやってくださいね」っていう感じなので。みんなが求心力を持ってないものは、どんどん減っていく。どんどんスリムスリムに。本当に熱量があるところに全部いろいろ作ってビジネスをしていく、ってなっていくので。終わることに責任を問われる会社ではなかなか難しいかなと……。

天外　この前のＯＳＴの蜂とか蝶とかみたいな。

武井　うちの会社にはフーって消えてくプロジェクトがめちゃくちゃありますね。明るく頓挫って呼んでるんですけど。でも最近逆にふわふわ消え過ぎちゃって、困っちゃうことが増えてきちゃたりして。「これがなくなったら困るだろう」みたいなのがなくなっちゃってたりして。それで、僕らはようやく今更になって、「もう少しロールマネジメントをざっくりでもいいからしていった方が良い」って、今作り始めてるメンバーがいて。なんかやっぱりいい塩梅っていうのがあるのかなみたいな。

嘉村　ティールって、その進化の旅をはじめてティール的になるのは、３〜５年かかるっていわれてるんですね。本が出たことによる影響とか、武井さんたちが発信してることの影響によって、数年後にはティール的な組織がどんどん出てくるっていうことになってると思います。

ここ100年くらいの間に一気にレッドからティールまでフワッと広がってきていることから、結構な数が増えてくる可能性があると思います。それが、あるフェーズで何が起こるかっていうと、恐らく採用段階でオレンジが選ばれなくなってくる可能性は出てきますよね。そこからが一気にスピードアップだと思うんですけど。

天外　オレンジ企業には優秀な若者は行かなくなるね。だから、オレンジから脱却できない大企業はどんどん潰れていく。俺もう13年前に引退したからいいけど（笑）。

嘉村　それが5年なのか10年なのか15年なのか20年なのかはちょっとわからないですけど、30年とか50年ではないと思いますけど。僕個人の見解。

天外　いま賢州さん何歳？

嘉村　36です。

天外　武井は？

武井　35です。

天外　だからこの年代はね。もう感覚が違うわけ。自然経営研究会で少なくとも前に出て喋るのは、だいたいこの年代か、この間40過ぎのもひとりいたけれども、もう生物としての種が違うわけ。いつも上野動物園でパンダ見に行くように、面白い生物がいるという感じで見てる。ひとつはね、ＩＴネイティブ、生まれた時にＩＴがあった連中っていうのは感覚が違う。やっぱりどんどんどんどん社会も変わる。

武井　僕の肌感覚だとあと10年くらいかなって感覚ですね。相談が来る大手とか省庁から、中で講演してくれとかあるんですけど、そのきっかけが、だいたい30、40代の中間管理職の方々が若くて優秀な人ほど辞めちゃうから、ヤバイっていう危機感がある。

天外　それ当然だよな。若くて優秀なのはみんなオレンジから辞めますよ。それがいま、教育が結構酷いにも関わらずそういうのが育ってるからね。これで教育が変わってきたらものすごい加速するね。

武井　ＩＴの影響は大きいですよね。デジタルネイティブのさらに若い20代の人たちからも最近相談が増えてて、来週も19歳の起業家が、「組織作りの相談に乗ってください」っていって。17歳で起業してるらしいんですけど、彼らからすると、ヒエラルキーの意味がわからないらしいですよ。

例えば26歳でホラクラシーっていうのもかなり厳密にやってきているスカウティ（現・

ラプラス）っていう会社の社長がいるんですけど、資金調達の検討会とかをしてるんで、金融機関の要求で組織図を描いてどうやって成長するかとかを描かなきゃいけない。ヒエラルキーの組織図を描いた時に、違和感しかなかったらしいんですね。「なんじゃこりゃ」って感じ。それで社内で「これどう思う？」っていったら、「これ全然違くない？」って。みんなで、ああでもないこうでもないって言ったら円になっていったらしくて。「こういう組織ってなんだろうね」って調べたらホラクラシーっていうのがあるんだってわかった。まさにこのグラスフロッグを入れて、厳密にやってみた。でも彼らなんかはやっぱり柔軟なんで。ホラクラシー憲法っていうのを自分たち流にどんどん書き換えちゃっていて。「日本人にこんなに職務記述書いらないよね」とかいって、どんどん削っちゃった。もうそういう世代にとっては、これがむしろ普通なんだろうなと。

14章

スルメを見て、イカを語るな！

〔解説〕

また時が流れ、２０１９年3月29日嘉村塾の最終講が国際文化会館で開かれました。今回も、ホワイト企業大賞企画委員の小森谷浩志さん、前野隆司さん、山田博さんが出席されました。最初に賢州さんは前回までの簡単な復習を述べ、それから本書の巻頭に掲げた「ティール組織金言集」の説明がありました。本章はそこからスタートします。

ティールというのは、計画も目標もなく現実のカオスに飛び込んでいくのが特徴で、状況に合わせて常に変化しています。静的に切り取ったティール組織の記述はスルメのようなもので、イカとは違います。その意味では『ティール組織』という本もスルメであり、バイブルにまつり上げてはいけない、という教訓が語られます。

セミナーの実録

嘉村　ティールでは目標を掲げるとか計画を作るっていう組織は極めて少ないんですね。計画っていうものを、私たちは自然にやってますけれども、じつは怖れと不安から来ているのかもしれない。その背景には、安心して前に進めたいっていうような思いで計画は立てるんですけれども、そうすることによって、臨機応変に対応する柔軟性が失われ、チャレンジしなくなったり、考えなくなっていく。

「計画や目標は怖れと不安から生み出される」（『ティール組織』金言集①）

逆にティール型組織では、計画もなしにみんなで現実に飛び込んで行って、そこから学べばさらに未来に進化できるんじゃないかっていう。いかにこの不安・怖れから、私たちが離れていくことができるかっていうところを探求しています。

「どうなるかわからないカオスの中に思い切って飛び込む以外にティール組織へ移行する手段はない」（『ティール組織』金言集②）

これも同じ話ですね。今までの予測統制的なアプローチを手放して、カオスに飛び込むようなアプローチがティール型組織です。

経営者が次のビジョン戦略とかを練って、それを全部背負って、従業員を引き連れて走っていくっていうのが、いままでの組織で多かった。でも、ティールでは、上下関係もなくなりますので、チームメンバー全員がカオスに飛び込んで考え続けて、一人ひとりが輝いて、かつ世の中で自分たちが働いている意味を発揮していこうというアプローチで進んでいきます。

いままで世の中は、事前に計画を立てて、そのまま動くっていうことが常識だった。でも、世の中ってそんな単純なものじゃなくなって来ています。その中で、複雑性にはふたつあるっていう風にいわれています。

ひとつは「Complicated」。これは簡単にいうと飛行機を思い浮かべていただければと思います。飛行機って莫大な数の部品が組み合わされていますが、分析することが可能な複雑性です。

もうひとつが「Complex」。スパゲティーが入り組んでいるような状態ですね。ここを引っ張ればどうなるか予測できない。ちょっと動かしては観察するっていうアプローチしかできない。そういった複雑性に対して、事前に計画を練っても無駄。大事なのは失敗も含めて覚悟をしながら1回やってみて、その反応を見ながら次を起こしていくっていうアプローチしかない。

いままでの世界観だと、「未来は予測できる」「人は計画通りに動かして行くことができる」「がんばればなんとかなる」っていう感覚だった。それが、「未来は予測できない」「人は計画通りに動かない」という中で、いかに変化に対応できる組織っていうところを大事にしている世界観がティールの前提にもなっています。

「静的に切り取ったティール組織の記述は、スルメを見てイカを語っているものだ」（『ティール組織』金言集③）

これもすごく大事。その意味ではティール組織に書かれている事例はスルメであり、そのまま真似してもうまくいかないと言えます。

ダイヤモンドメディアさんも、ある時取材をすると「こういうことやってます」っていうことで記述できるかもしれませんが、多分半年前とはまったくやってることが違う。ティール組織の本でも、オズビジョンさんという唯一日本の組織が取り上げられています。「サンクスデー」というのと「グッドアンドニュー」という仕組みを導入してるって本に書かれてたと思うんですけれども。どうも今やってないみたいですよ。

武井　やってないです。

嘉村　そうした時に、「一時期は機能したけど機能しないんだ」っていう風にジャッジしがち。でも、ティールっていうのは、その時々社会の状況とかメンバーの状況によって変化し続けていく生命体そのものなので、これが正しい、間違いっていうものを絶対評価はできないっていうことですね。それがすごく本質的。

「メンバーがひとり増えるだけで、その組織の存在目的は変わるかもしれない」（『ティール組織』金言集④）

グリーンの組織って、ビジョン・ミッションが明確にあって、それに合わせて採用したり、人がスキルで雇われて、組織が作られることはあると思います。ティールは生命体ですので、かけがえのないAさんが入った瞬間に、組織がやれることっていうのは変わる。ということは、組織の存在目的は変化するかもしれません。

Ａさんは、自分はこの組織に入っても入らなくても同じ組織だったらいる意味がないじゃないですか。だけど、自分が入ったことで存在目的も変わるとすれば、それは自分もこの組織と繋がっているという実感が湧き、コミットメントも高まっていく。

「オレンジの経営は、売上や利益は上がるけれど、これからだんだん若い人は集まらなくなるだろう」（『ティール組織』金言集⑦）

古いパラダイムから、レッド、アンバー、オレンジ、グリーン、ティールっていうものが、歴史のスパンではもうここ１００年ぐらいで一気に現れてきている。こんなに複数の組織形態が共に存在するっていう稀有な時代になってきています。

この前もお伝えしましたが、ラルーさんは一言もティールを目指すべきだとはいっていない。ラルーさんは科学者的に世界を見ていくと、ティールは生まれてきているし、これからも増えていくだろうということをおっしゃっているだけです。

実際にラルーさんにインタビューした時に、「いまの時代だったら、おそらくグリーンの方が幸せじゃないの」といっておられました。

「馬車の時代に車が出始めた時、道路は舗装されてないし、部品は高いし、故障だらけだし、ガソリンスタンドはないし、決して使いやすくない。ティール組織でいうと、株式制度が四半期決済の中、ティール組織でなかなかそういう風には合いにくいですよね。それぐらいこの時代でティールを作るっていうのは、結構大変なことかもしれませんね」っていってました。

しかし、確実にそこにチャレンジしていく組織は増えていく中で、おそらく今の若者とかはだんだんと企業を選ぶ基準としてグリーンとかティールを選ぶようになってくるのは自明かなという風に思いますので、別にティールを目指す必要はないんですけど、そういう動向をオレンジの経営をされてる方も、無視はできない。

「ティール組織に求められる全体性とは、鎧や装いを脱いで、素っ裸の状態」（『ティール組織』金言集⑧）

オレンジ組織の場合は、皆スーツを着て働く。アンバーだと、どんどん位が上がると、服装が変わる。

ティール組織だと、それぞれのデスクを好きなように飾り付けしたり、特別な社長室みたいなものを作らずに、みんながフラットの中でやっていく。子どもを連れて来られたりとかペットを連れて来られたりとかするようなありのままを大事にしています。

ラルーさんはですね、グリーン組織の方が幸せかもよ、ということをいってる反面、こういうこともいってました。

「グリーン組織は確かに幸せで給与も高いかもしれないけども、じつは少し過剰にポジティブを求めすぎてるところはないだろうか」

人って良い時もあれば、悪い時もある。笑顔がコンピテンシーになっている組織だと無理に笑顔をつくる。ポジティブを追いかけてる組織の中でそこに不自由さを感じたっていうようなことがラルーさんはあったのかもしれない。じつはそれも鎧。

「責任という言葉は、結果に対する執着から生まれる。執着が薄いティール組織では、責任が問われることはほとんどない」（『ティール組織』金言集⑨）

前回、最大の気づきはこれでしたね。皆さんと話してる中で、「責任」という言葉は結果に対する執着から生まれるのではないかと。執着が薄いティール組織では、責任を問われることはほとんどない。

いろいろな組織をコンサルティングさせていただいてると大体求められていることが、「思いやり」「主体性」「当事者意識」「責任感」など。結構「うちの従業員にそれを芽生えさせたいんですけど」っていうことをよく依頼される。

だんだん気づいたのがですね、そういうものっていうものは、やらせることは絶対不可能で湧き上がってくる環境を作るしかないってことですね。よくそういうのはコンピテンシーに入れたりする組織もあるんですけども、結果生まれるのは責任感があるように見える行動、思いやりがあるように見える行動っていうものが、どんどん行動としてあって、内側では全然思ってないっていう中で、居酒屋ですごい悪口が交わされるっていう組織はかなり見てきました。

そういう意味で、これを行動特性にするのではなくて、どうやったら湧き上がっていくんだろうっていうことを、すごく大事に組織づくりをしていかないといけないないなという風に思いましたし、ティール組織は、まさにそういうものが自然に湧き上がるところを工夫されているんだなという風に思います。

15章

「責任」という概念をさらに深掘りする

〔解説〕

ちょっと話は前後しますが、第2講の最後に、10章の議論を受けて「責任」に関する議論が沸き起こりました。本章はそこから始まります。責任の裏には「怖れ」があり、「責任を取る」とは辞めることで「切腹文化」につながる、など徹底的に責任が悪者にされました。

議論は第3講（2019年3月29日）に引き継がれました。自らが腹をくくって責任を背負ってきた塾生から、「結果にコミットしないティール組織では、責任という概念がなくなる」という表面的な説明にクレームが付きます。「倒産時の債務を引き受けられない一般社員が責任を担うことはできない」という主張です。

現行法では、労働者には執行責任はあるけど結果責任はない、といった話や、危機状態で責任を感じてがんばる経営者より、鎧を脱いでオープンな経営者の方が解決に向かうなど、武井の実践例が語られますが、上記の塾生の指摘に関しては、明快な答えがないまま、次章の会社のオーナーシップの話に移行していきました。

セミナーの実録

瀬戸川礼子　今日（注：第2講。2019年2月16日）面白いなと思ったのは、「責任」

に関する議論です。組織の中では責任って言葉はよく使われますよね。自由と責任というよりは、権限と責任がセットで語られるんですけど。責任を取ると言えば力が発揮できるのかっていうのは疑問です。プレッシャーを過度に与えるし。なんていうんだろう、伸び伸びしたものに蓋をするものなのかなってちょっと思いました。武井さんが言っていたレスポンシビリティとアカウンタビリティの違いも本当にそうだなと思います。組織に誤解は無用だと思うので、説明責任というのは必要だけど。結果を出せという責任の押し付けは、プロセスを軽視してしまうのかなぁという感じ。賢州さんはその辺の責任をどのように考えていらっしゃるのか、賢州さんの言葉として。

嘉村　あんまり使いたい言葉ではないんですよね、僕の中で。さっきいってたその思いやり、感謝、じゃないですけど責任って湧いて溢れるもので、責任感を持てって、そこに矛盾がある。よく聞くのが「ティールみたいに自由になったら、社会的責任とか株主の責任とかをどうやって果たすんですか」っていう質問がものすごく多い。その時の責任って、責任者を見つけるっていう時の言葉。

天外　責任の裏に怖れがあるのね。

嘉村　かつ誰かのせいにする感じの。誰かにその重石を背負わせる感じがあるんですよね。なんで問題を起こしたのに、社長が辞めたところで、係長が辞めたところで何も解決しないけども、許されてしまうみたいな感じもあって。

瀬戸川　切腹を思い出しましたね。

天外　それは鋭いなぁ。腹切り文化。

嘉村　健全な責任感での行動みたいなものが、違う単語になればいいですよね。

塾生28　みなさんの話を聞いてて思ったんだけど、私はぼちぼちいいおばさんですけど。私の若い頃は、責任ってもっといい感じで受け止められて。最近なんか自己責任論みたいな感じで。みんなの話を聞いてると責任ってのがすごくいま、悪者になってるような感じがしたけど。

天外　ここで悪者にしたんだよ。

塾生28　したのね。責任って案外人を育てたりする部分もあって。私が若い頃は、そういう言葉で受け止めていたのに、どこで変わっちゃったのかなみたいな気がして聞いていました。

天外 だから今日ここで悪者にした責任とちょっと違う、本来の責任という概念があるのかもしれない。今日は意図的に悪者にしたからね。

武井 言葉作りたいなぁ。なんだろう。

嘉村 オープンスペーステクノロジーって、前回話した対話手法は、主体的な移動の法則っていうのが根底にあって、OSTを使う3時間とか1日とかっていう時間は、そこで有意義であったかとか、貢献できたかってていうことの責任は、参加者一人ひとりにある。なので、お題を出すとか、参加してみたけれどなんか楽しくないなっていう時に、自由に移動する。「だいたいあの人が長々と話すからつまんなかった」とか、「主催者がこういうイベントをするからつまんなかった」と他責しやすいんだけれども、自由な場を作っているので、この時間が有意義かどうかは、あなた次第ですよね、ということが主体的な移動の法則。

みんな一度座ったらその場にいないとなんか悪いかもしれないとか、こういうお題が出たらこの流れ的にはこういうのが求められているのねって、ちょっと気を遣いながらお題を出すとか。そういうことを忖度し続ける結果、誰も責任を負わない、フワーッとした話し合いになってしまう。

そうではなくて、その時々に自分は、本当はこの場で何がしたくて、どういう時間を過ごしたかったか、いま自分はこの時間に熱を入れてるのかって感じ続けて、100人が100人、全員過ごしたら、素晴らしい場が生まれるでしょうっていう仕組みです。これはかなりパラダイムが違う感じですよね。

小森谷浩志　いまの責任の文脈から、シンプルに「自分の人生は自分のものなんだよ」っていうことをみんなが取り戻していくことを本当にやっていくことなんだろうなぁと思うんですよね。誰かに委ねるのでも、誰かのせいにするでもなく。ただそこではある意味の痛みとか厳しさ、自覚というか、自分自身と向き合っていく深さみたいなものが、ラルーさんが人間発達モデルを強調されるっていうところには、やっぱりそこに戻っていく。常に、我々ティールの成り立ちを探求していくものにとって、宿命として自分自身を高めていくとか、より良い人間になっていくとか。それってどういうことなんだろうかとかですね。自分の探求がすごく大事になっていくんだろうな。

天外　『ティール組織』の中に責任に関して何か書いてあった？

嘉村　トータルレスポンシビリティっていうのを全責任と訳しているところが、ビュートゾルフのところにあったと思います。

天外　責任に関していままでまじめに考えたこともなかったね。今日は徹底的に悪者にしてしまったけども、責任という概念はね、いままで思っていたよりも深い内容があるよ。それを、これからみんなで考えましょう……ということでよろしいですか？

賢州さんありがとうございました（大拍手）。

（以下、第3講。2019年3月29日）

塾生4 前回の最後に「責任」の話がありました。私はまだオレンジの典型で「最後は俺が責任持つから自由にやってくれよ」っていう方が、いまのところ楽なんでやってるんですけど、その感覚と随分違う議論がされて、戸惑いました。社長だから責任があるのは当たり前だっていう感覚です。

「実行責任」と「結果責任」についてなのですが、実行責任はとってやってくれと。最後の結果責任は組織の長がとるのは当たり前。そういう責任の分担みたいなのがあった形でずっとやって来たんで。それじゃあダメなんですか？

嘉村 ダメなことはまったくないですけど。そこは分けた方がいいというのは何か背景があるんですか？

塾生4 いやいや、あえて分けてるわけじゃなくて。最終結果の責任をとるのは組織の長っていう。

嘉村 それは何でですか？

塾生4　何でっていわれても……。体の隅々までそれが染み透ってるから。

天外　責任をとるっていうのは、どういうことなの？

塾生4　最後は死ぬことなんですけど、極論にすればですね。会社の行く末を左右するようなことがあった時に、もう担当者の責任っていうわけにはいかない。大勢の人に迷惑かけるわけですから。それをやった人が責任をとるっていう。そんなことしていいのかなって。

嘉村　社長としては、そういうことをやって来たわけじゃないですか。自分が背負って、的確にやって来たわけじゃないですか。それが、なぜ社員がやったらいけない？

塾生4　それだけ背負えるものかなぁ。実際にやっぱりお金も含めて、責任を果たすような。そういうことですよね。命までとは極端なことはいいませんけどね。そこまでを社員に求めることはちょっと今のところできないっていうか。オレンジから出てないってことなのでしょうか？

嘉村　そこはチャレンジですよね。社員の人たちが結果責任をとる。任せるチャレンジがティールでもあり、別にそれが正しいわけではない。

天外　結局やっぱり任せるから成長する。でも成長しないで任せると、どうなるか。理想論はいくらでもいえるけれども、現実的にはそこのところにギャップがある。それに関して、「責任とは何か」っていうのをもうちょっと突っ込んでいかないと。答えが出てこない。この前もその話になったんだよね。

嘉村　いま、国とかも含めて辞めて責任を果たせっていう話になっちゃっているので。

天外　特に日本は腹切文化があるからね。やくざだと指詰め文化。前回述べたけど、ソニーなんて会社だと、スケープゴートを作ってそいつに辞めさせる。で、精神的にみんな安定するわけ。いっぱい見て来たよ。「気の毒だなぁ」と思うけれども、俺の身に及ぶのも嫌だからね。黙ってた。

嘉村　ティール組織だと組織のことはみんな心の底から愛しているので、何か起こった時に、ワーって挽回しようと集まってくる感じですね。誰かに責任を押し付けるというよりも、この危機的状況をどういう風にカバーしていくか。

塾生4　でもそれティール組織じゃなくても、企業風土としていままでもあった。

天外　うまくいえないんだけども、個人ベースと集合ベースの違いみたいなのがあると思う。だから、組織が進化すると、次第にその個人の責任みたいな話が溶けてっちゃうような気がするんだよ。なんかもっとうまい表現できないかな。

嘉村　一応トータルレスポンシビリティっていう、責任が分散というより、全員が責任を持ってる状態っていうのが、ティール的。

天外　なんかそういう感覚があるよね。武井のところもなんかそういうのがあるんじゃない？

武井　そうですね。僕もちろんそういうのをずっと考えながらやって来て、いちいち僕がすごく男気出してやってた時ほどうまくいかなかったわけですね。何より僕が一番辛かったっていうのがあって。

感情的な部分でその責任とか、それに対する当事者意識みたいなものとは別に、組織を設計してきたんですね。会社ってそもそも所有者と経営者と労働者っていう、三権分立が前提。所有者が一番偉いんですよね、株主が。で、エージェント制っていって経営者に管理運営を委託するんですよ。で、彼らが経営責任を持って労働者を管理するっていう。こんな構造になってて。それぞれ持ってる責任が違う。

この前提だと、そもそも労働者が持ってるのは執行責任だけなんですよ。だから給料っていうのはPLに基づいて作られてますよね。でも本来会社にとって重要なのはBS。

この3つの立場っていうのをもっと重ね合わせていくことができるじゃないかっていう風に僕らはアプローチして、組織を設計してきた。

だから株主が持ってる権力をそもそも手放さないことには、みんなが責任感なんて持つことはできない。そういう外側のフレームワークから、ポコポコ変えていったっていう感じです。

だから給与もPLでこの期間にいわれたことをちゃんと達成できたかっていう決め方ではなくて。会社の共有財産とか資産で、しかもそれが財務諸表に載らない、いわゆる社会資本とかっていわれるようなレピュテーション（評判）だったり関係資本を使うとか、そういういろいろなもののひっくるめてその人のバリューはいくらなのか、みたいな考え方になってって。

そうなると今度雇用って何だっけ？　みたいな。雇用関係がある、ないも、これ意味なくなっちゃう。どんどん、社員、経営者、業務委託とかっていう立場があやふやになってくる。その中で責任っていうものも、なんかあやふやになる。この責任＝誰々みたいな単純な計算式でひも解けなくなる。

もちろんうちの会社でも30人~40人くらいいて、事業もあるんで。こっちの事業でやってたことの責任を全然違う人がとるっていうのは、やっぱり全然ナンセンス。だけど関わってる人みんなちょっとずつ責任あったりとか。

ちょっとずつっていうよりは、さっき賢州さんがいっていたトータルレスポンシビリティ。みんなで「これどうする？　どうする？」って基本的には問題を扱ってる気がしますね。

でもその意識がなぜ持てるかっていうのがまた重要。自分で意思決定できるというのが重要。僕は責任感というよりは当事者意識っていう言葉をよく使うんですけど、当事者意識＝責任感なのかなと思うんですけど、自分ごと感っていうか、意思決定のプロセスに関わってないと当事者意識は生まれないんで。それをいかに作れるかっていう。それがまさにアドバイスプロセスになって来る。全部こう繋がってくる。

でも難しいのが、僕らは結構外側を設計してきましたけど、こういう感覚がある人じゃないと設計しようともそもそも思わないし、その中でやっててもやっぱりそういう意識が芽生えない人もいる。

天外　責任という言葉の裏にさ、やっぱり攻撃と防衛っていう言葉があるじゃない？「責任をとれ」っていうのは攻撃だしね。「俺責任ねーよ」っていうのが防衛だし。そうするとさっきの鎧を着てるか着てないかっていうのと結構リンクしてる。オレンジが鉄の鎧を着てて、グリーンも真綿の鎧を着てるんだよね、基本的に。だからもう仲良くしなきゃいけない、仲間意識がなきゃいけないとかね。そういう真綿の鎧を着てるわけ。だから気持ち悪いんだけど。

で、その鉄の鎧も真綿の鎧も脱いでしまうと「責任」というのはなくなるんじゃないかなって気がする。

嘉村　対外的には残るかもしれないですけど、対内的にいうと難しい出来事が起こった時に誰かが前に行った時に、絶対その人のチャレンジに対して失敗を責めないしっていうのが完全にできた時。助けてくれるっていう後ろがいることを分かった時に見える風景が全然変わってくる気がするんですよね。

天外　そうだよね。突っ走りすぎて後ろが付いてこないっていうことがなくなる。

塾生4　もし倒産して債務を背負った時に、社員みんなでそれを分けましょうということはないよね。表面的なきれいごととは別に、債務を背負える人が責任をとるのじゃないかな。

天外　倒産時の債務を念頭にするということは、「怖れ」がベースだよね。責任は怖れから出てくる、というのが前回の議論の結論。でも、これもきれいごとかもしれない。現実に家を抵当に入れて借金していたら、倒産の怖れがひしひしと出てくるのが当たり前。借金をしていない社員と同列ではないね。

塾生5　会社が危機的な時の決断、責任っていうことだと、このティールの本にfaviの例がありましたね。何カ月間、誰かをリストラしなくちゃいけなくなったような状況に陥った時に、社員みんなに聞いて、結局結果どうなったかっていうと、皆さん少しずつ仕事減らしましょうと。それでその3、4カ月の売り上げが小さい時をクビ切らずに乗り切りましょうよっていう結論になったっていう話が出て来てたと思うんですよ。
天外さんも確かネッツトヨタ南国の横田英毅さんのことを書いた本に、同じような例を書いておられた。

塾生4　それ土俵際じゃなきゃできるかわかんない。

武井　いやそれ。うちの会社しょっちゅうありましたよ。本当に土俵際。これ結構ヤバイね状況、どうしよう。給料下げるのか、それとも削れるところまずみんなPL見て削るのか、売り上げ増やせるのか、どうするのか、ってなった時に、ある時は業務委託の人が「だったら俺、給料なくてもいいよ。3カ月くらいなら」とか。「振込遅くしてもらっても全然いいよ」っていう風にいってくれたり。その時経理やってた子が、「私、仕事週5日もないから、週3日くらいで月15万くらいでいいですよ。近くの飲食店でバイトするんで」みたいな。それで本当にバイトしてましたけど。
ある営業にいた女の子が「私あんまり貢献できてないんで、いま私が一番会社に貢献できることは転職です」って、その子は知り合いの会社に転職していきました。しかも転職する時に、うちの会社のサービスを使った。うちは人材免許持ってるんで、その転職が

100万円の売り上げになりました。

天外 ここでやっぱりさ、鎧の問題があるよ。会社が土俵際の時に「潰れそうだ、どうしようか」と、オープンにいえる人と、強いふり、賢いふりをして、メンツを引っ提げて「俺がなんとか解決するぞ」っていうのとの違いが大きいわけだよ。横田さんの本には僕はそれを書いたわけ。

横田さんは、それが「みんな大変だ、どうしたらいい?」って聞ける人。これは鎧を脱いでるわけだよね。ソニーは自分がおかしくしたにも関わらず、それを人のせいにして自分がそれをなんとかしようとする経営者が昔おられて。20年間凋落の目に遭いましたけどね。

それはすごい鎧を着てるからそうなっちゃうわけ。自分が優秀な経営者で、どんな時にもちゃんと答えを出さなきゃいけないって思い込みがあって、それでどんどんどんどん解決策を出して、余計おかしくなっていった。

武井とか横田さんみたいに鎧を着ていないと、ぶん投げることができる。すると、じつは解決しちゃう。

武井 僕らの営みは生々しくて、会社は今パツパツで。キャッシュ残は結構あるけど、いまのこの赤字を改善しないとね、みたいな話になって。「武井さんはそれに対してどう責任を考えてるんですか」みたいなことをいわれて。俺も超ムカついて「うちらこういう経営をしてるのに、俺が誰に対して何の責任をとるんだよ」ってめっちゃ喧嘩しました。

僕がそんなに大人かっていうと全然そうじゃない。普通にイライラもしますし、良かれと思ってやったことが全然トンチンカンなこともありますけど。前提として会社の経営がオープンだと、そもそも繕わなくていいっていうのがあってですね。だからそういうヤバイ状況の時に「俺ががんばる」っていわなくても、「みんなで会社やってるんだから、俺だけに責任押し付けるなよ」っていえるみたいな。それは結構気が楽です。

嘉村　実際ティールでも本当に何かあった時に、みんなに自分としても最善を尽くしたけどわからないってことをオープンにすることによって、全員の力で成し遂げていくようなティール組織もあれば。実際は、ここの時点に立ってしまったら、オレンジに戻すっていう予防線を張って、その時にはきちっとオレンジでマネジメントするっていう風に捉えてる組織もある。両方あると思います。

やっぱりそこが、いままでは社長が何かあったらやらないといけないとか、もっと任せてくれれば良かったのにとか、もっと信じてくれたらよかったのにっていうところで、逆に危機の時に命が宿ることとっていう事例は結構溜まってるようです。

16章

ブロックチェーンは救世主か？

〔解説〕

前章の塾生4の疑問に関しては、直接的な答えにはなりませんが、話題は所有権と資金調達の問題に移りました。経営者が家を抵当に入れて、体を張って資金調達をしている現状を打破できないか、という議論です。

武井から、ブロックチェーンを使って資金調達をする様々な方法論が語られます。単なる資金調達ではなく、当事者意識を持って会社の運営に参加する人が増えるのが理想です。国家運営に全面的にブロックチェーンが使われているエストニアの例も紹介されました。

賢州さんからは、そういう新しいシステムの追求は大事だけど、ティール組織の神髄はそれとは別であり、現行制度の中でも十分に実現できることを忘れてはいけない、という指摘がありました。

セミナーの実録

塾生6　なんか納得できないんだけど、これって所有の問題が底辺にあるような気がしてて。例えば医療系なんかだと、責任は院長が負っている。銀行に対して借金の保証人。やっぱり塾生4さんのおっしゃる感覚なんですよ。開業医なんていうと自分か親が何千万も投資してっていう文化。会社が誰のものかっていうと、圧倒的に院長のものなんですよ。それをオープンになんかできない、結局微妙に誤魔化しながらやるぐらいしかないですね。

嘉村　まさにそういうところがあるので、さっきいった、いま馬車の時代に車があるようなもの。ヨーロッパの方ではその法律上の構造を本当に破壊していかないと、この一人ひとりが責任感を抱いている組織は実現しないっていうところで、そこのチャレンジに移っているフェーズなんですね。

塾生7　これはお金の調達の方法が変わった瞬間に、我々も変わる感じなんですか？

武井　変わりますよ。それがブロックチェーンを使ったＩＣＯとか、あとクラウドファンディングとか。

塾生7　武井さんって連帯保証組んでないんですか？

武井　ゴリゴリ組んでます。みんなが勝手に金借りてくるんですよ。で、ハンコ押してくださいってきて。「今回、いくらなの？」、「追加で２０００万です」みたいな。

まさに馬車道を車で走ってるみたいな感覚。僕はいまの世の中がおかしいと思ってるんで、世の中の仕組みを全部無視して僕らが進めたい道に向かってる。だからその連帯保証とかのお金関係とか、あと労働基準法とか。会社法による会社の意思決定の仕方とかガバナンスとかっていうのを全部新しい仕組みで考えてる。いま本当に車でボコボコの泥道を進んでる感じ。とても不便です。

本来これをまともに進めていくための枠組みが必要だと思ってます。それが新しいインターネットとかブロックチェーンであったり、そういうものを使うと特定多数の株主であったり、ステークホルダーっていうのが作ることができるし。距離的に離れていても情報共有であったり、プロセスへの関与っていうのができるようになったり。

それから今までは債券と株式っていうと、エクイティテッド、間にいろいろ種類株とか、中間領域ありますけども、それをトークン化することによって、そのトークンにいろいろな企業の関わり方っていうものをデザインできるようになると思っています。

しかもそのトークンが簡単にセカンダリーマーケットで流通出来るっていう。そういう状況になると、会社の当事者がとにかく増えると思っていて。単に「出資してるんだよね」という関係じゃなくて、会社の出来事を自分ごととして感情的にも捉えることができる人が増えるってことが重要。

塾生4　オーナーの一種ってことですね。

武井　そうです。

天外　でも完全にオーナーだけじゃなくて、ちょっと関わる人とかいろいろな関わり方のグラデーションが作れるのがキーだね。

武井　オーナーシップが欠如してたら自主経営できないし、全体性はそこから生まれないと思うし。進化する目的みたいな、本当に中から出てくるものってなくて。表面的な、「来期は120％売り上げ」になっちゃう。そのオーナーシップと関わってる人がみんな、それを本人が持ちたい分だけ持てるみたいな会社を作れるかなってことを考えてます。

嘉村　さっきいったヨーロッパでは、雇用主と雇用者っていう関係がもう自己組織化を阻んでいるので。基本的に全員が時間と才能とお金を出資しているっていう状態を守るようにしたいっていうので、それを全部見える化しようとしています。当然創業者はかなり事前にリスクを取りながら時間と才能とお金を注いでいるので、それを全部見える化して。

よく怒ってる創業者は「どれだけ稼げない時期に俺は時間とモノを注ぎ込んでるか、わかっているのか」ってね。現場としては「わかってる。だけど社長はそれを20年いい続けてますよね」っていうような話ですれ違う。そこらへんがやっぱり混乱してるっていうので、全部のお金、時間、才能をどれだけつぎ込んでやってるのかっていうこと、見える化して対等にしていくって仕組みをいま作り始めてるそうです。

例えば行われてるのは、いま給料50万だけども、今月は30万しかとらずに、20万は残しておくっていうようなやり方をすることによって、その残してるっていうのも全部見える化する。経営として次の投資ができるようにする、みたいなことも全員がやったらそれが全部記録されていくみたいな感じで、対等にしていこうっていうような動きを今発明してる最中ではあるんですけど。

そっちのステージにヨーロッパも来てるので、日本もどういう風にこれからやるか？

天外　ヨーロッパのどんな連中がやってるの？

武井　エストニアとかは、日本の20年くらい進んでる。電子国家と呼ばれる。人口130万人ぐらいですけど。ほとんどみんな現金を使わないし。すべて個人IDとその人のすべてのデータがブロックチェーンで繋がってるんで、税理士がいない。公認会計士とか役割として要らなくなっちゃったとか。国家公務員も少なくて、国家運営コストっていうのが普通の国の10分の1とか。とんでもなく安い。そういうところで。あとはベラルーシ、スイス、スリランカ、台湾とか。そういうところで通貨をブロックチェーン化しようとか。不動産登記とか。国のデータを全部ブロックチェーン化しようっていうのはかなり進んでますね。

塾生7　あと、コーオウンド化ってありますよね。要するに社員にどんどん株式を分けてっちゃって、誰が筆頭かわけの分からない状態にする。相当数株主にしちゃうことで面倒くさい取り組みとかしなくてもオーナーシップってのが、ある程度は進むのかなぁとは思ってるんですけどね。

天外　「Co-owned」、一時期すごく流行ったよね、それ。持株会とか、株を配るとか、なんとなくグリーン的な。

武井　そうですね。グリーンで。でもティールの組織って、株をばら撒くってあんまりやってない。僕もそれ相当研究したんですけど。やっぱ株って権利じゃないですか。そうすると、渡した人と渡せない人で格差ができちゃって。どこまで渡すかっていうのが、ものすごく難しい。

塾生7　会社の中に、株式取引市場を作ってしまうっていう考えもありますね。外に出さずに社内で値決めをして、買いたい人が買うし、売る。

武井　広島のメガネの会社で20年くらい前からそういうことやってる。ただそれって簿価でしかなく、流動性が実際はないわけで。なぜそもそも持つのかって話もある。

ブロックチェーンとか使ったトークン取引所っていうのが今世界中にボッコボッコできています。面白いのが、僕の友人がこの前世界で初めてＩＬＴ（Initial Loan Procurement）っていう調達手法を作りました。

ＩＣＯって仮想通貨で調達することをいうんですけど。ＩＣＯだと、調達した金額がＰＬに入っちゃうんで、売り上げになっちゃうんですよね。そうすると、タックス的な問題がある。STOっていうのはただそれを証券として認めるっていう話だけなので、何も変わってない。

ILTは、債券をブロックチェーンでトークン化して、ばら撒いて、その債券のトークンをトークン取引市場に上場させてっていうことをする。だからもうそれが流通してるんですね。

塾生7　株よりはいいのかもな。

武井　そうなんです。実体として会社にお金として入ってきて、その後そのトークンをどういう風に返済するかとか、そのトークンにどういう権利を付与するかとか柔軟に設計できるじゃないですか。なので、所有権である株式なのか、債券なのか、何が違うかって、株式だと100パーセントをみんなで割ってくっていう考え方。だから給与の一部を株式で払うって大企業でしかできないじゃないですか、実際。このILTだと、無限なんで。なんだったらそれが、株式、債券、贈与っていう領域も作れるかもしれないし。贈与だとなんか、贈与税がかかっちゃいますけど。

むしろ問題なのって、調達の仕方というよりも、税制の方が邪魔になってるっていう感覚。そうするともうタックスヘイブンできるところに法人作って、そこを1回介させるとかしかないんですけど。

昔から多分、こういうことを考えて、いろいろされてきてると思うんですけども、それがブロックチェーンとかトークンを使うと、いまなら結構実現できてくるんじゃないかっていう気はしますね。

嘉村　大事なのは何だろう。世界としてはそういう動きにいって、本当の対等な組織が誕生してくる時代に、そんなに時間もかからず突入していくような気がするんですけど。その追及は大いにやるべきだけど、それがないと実現しないのかって話ではない。

実際にラルーさんは事例ありきでティールを紡いでいる。いまの社会体制の中で、組織メンバーのエネルギーを引き出して生命的に動いてるって実例があるという事が、じつは結構大事なのかなと思ってます。その時にやっぱり経営者がもうお金のリスクもあらゆるリスクも背負ってると思うんですけど、それを背負ってる故に一番安全に統率できるオレンジをやってしまいがち。

オレンジにすることによって現場からいろいろな提案を「いやちょっといま、さすがにリスクがありすぎる」とかですね。「皆に合ってない」とかっていう流れで統率する中で、その本来持ち得るエネルギーが引き出せてないっていう状態が起こってる。それを手放した、別にあの新しい組織、株式とかにしなくても、その統率を手放してみんなで走っている組織を生み出せてるという事実であるということは、きちっと考えておかないといけない。

ブロックチェーンですごい株式制度ができたところで、それだけではティールにならないと思う。焦点としては、いまある現行制度の中でもティール的に組織は作れるかもしれないっていう仮説で探求することはすごく大事だなと思います。
責任という話から、だいぶ広がりましたね。

17章

ティール組織化への正統的な流れ

〔解説〕

賢州さんから、簡単なワークの提案がありました。１枚の紙を、個人のプライベートな側面、個人の仕事の側面、チームの側面、組織の側面の４つに分けて、それぞれを「晴れのち曇り」など天気に例えて記入するのです。天気記号でも、言葉でも、絵でもいい。

これは、ティール組織で重要視しているテンションを表に浮き上がらせる絶好の手法だそうです。記入後に３～４名のグループに分かれて討議が進みました。様々な発表がありましたが、本章は、その一部を取り上げるところからスタートします。天気図を書くことで、自らを俯瞰し、内省につながることが示されました。

その後、賢州さんからF・ラルーが説く正統的なティール化への流れとして、「トップ」、「コアチーム」、「砂場」、「全体」というプロセスが語られました。トップの変容がないとスタートできませんが、「なぜティールにしたいのか」というのを、共感を伴うストーリーとして語れるようになったか、というのが判断基準だそうです。その後も極力、上からの強制を排して、創発的に組織のあり方が自然に変わっていくように、プロセスは工夫されています。

最後に、スーツ・ネクタイで会わなければいけない顧客より、だらしない格好でもOKな顧客の方が上質ではないか、という議論があり、服装の鎧の関係が議論されました。

セミナーの実録

塾生9　単純に晴れマークを描いてるとニコニコ楽しくなってきて。そうすると曇りマークとか雨マークを描きやすくなって。「なんでここ曇りとか雨とか雷なの？」「そうなんだよなぁ」っていいやすいっていうか。それは晴れをこっちで描いてるから余計そうなのかも。気が楽ですよね。

嘉村　なるほど。ありがとうございます。

塾生10　ここのグループは、プライベートの部分はみんなぴーかんで快晴なんですけど、どんどんこう組織の方へ話がいくと土砂降り。ジメジメでカビが生えていたり、迷走する台風だったり。ここをどう扱うの？　っていうことだよね、って感じ。そこで、途中で終わりました。

塾生11　ここで話し合って、みんなあんまりいい天気じゃないなって話で終わったんですけども。自分の組織がジメジメしてカビが生えてるとか腐りかけてるって表現してしまって。でもちょっと待てよ、と思いました。そうではなくて、がんばってる人はすごくがんばってるし、じゃあ自分が違うところからここに来てですね、みんながものすごく腐っているのではないかっていう風に見えた自分ていうのがあるだけなのかなぁ、とかっていう風に自分自身の変なところに今ハッと気づいて。

嘉村　土砂降りは何かそれに対して悲しいなどという感情はなかったんですか。

塾生10　私は土砂降りじゃないです。

嘉村　じゃあ今の状況は？

塾生10　3年間ぐらい病院から離れてて、いままたその現場へ戻ってきて、聞いてみると、みんなが疲れていたりとか、上に対する不平不満をものすごくいってることがあって。「いったもんが負けだよ」みたいなことをいわれたりとか。ものすごく根性が腐ってるなっていう風に見えました。でもこの前の外部評価があった時には、やっぱりみんながものすごくがんばるんですよね。自分の部署の責任において、ちゃんとやらなくちゃいけない、と。腐ってるばっかりじゃないなってすごく思い起こして。もしかしたら私のトップに対する批判が投影されているのかな、とも思いました。

嘉村　ありがとうございました。この天気図は、自分はわりとホールネスを培う一環として、使っています。組織によってはこういうのを共有すらもできないところもあるんですけど、ちょっとずつ出しながら、みんなが感じてるいいところも違和感もありのままで出してみると、ジャッジせずに応援してもらえて。ここも最初はファシリテーションが重要というか。天気図をありのままにいって「それはまだ甘いからだ」っていう風にいわれたら、こんなところにありのままに天気図を書くことはなくなっちゃう。

そういうのはできるだけ外していきながら出していくと、いえばいうほど自分の中でも整理できますよね。他からも思わぬアドバイスが得られて、次のステップに行くかもしれない。自分のいまの状態を出すことは何もネガティブなことじゃなくて、じつは前進するんだっていう経験が増えれば増えるほど、ホールネス部分はすごく強化されていくので、まず早めにこの天気図ワークを入れるようにしています。

塾生10　メンバーの天気図を見てみたいです。帰ったら早速やってもらいます。

嘉村　ぜひやってみてください。では、次に行っていいですか。どうやってティール的な組織の旅を始めていくのかです。

ラルーさんはいくつかパターンがあるという風におっしゃっています。例えば「創造的カオス」だと。階層構造をいきなり外して、ドンと始めちゃう。それはもうカオスが起こるので、大変なプロセス。でも、一旦グチャグチャするけども、少しずつティール的になっていきます。

ふたつ目は、例えばホラクラシーなんていうものは、わりとしっかりとした定型フォーマットがあるわけですね。会議の在り方はこう、一番初めは社長がホラクラシー憲法にサインをして。そのサイン以降は社長であってもメンバーと同じルールに従って日々の仕事をやっていきましょう、っていうような感じ。徐々にすべての仕事を明瞭化して、いろいろな会議を導入していって、それに慣れていくとだんだんティール的なやり方になっていきますっていうプロセス。

ホラクラシーは、ホラクラシーワンという会社がサポートを提供してますし、モーニングスター社も、モーニングスタービューみたいなことを発信してる。でも、こういったものを取り入れる時もこれを使うことで安心して混乱もなくティール化できるとは考えない方が良いです。そういう安心して導入というのが、わりと過去のパラダイムに縛られていると思います。

ホームズビーでもホラクラシーを入れてます。でもちょっとした矯正ギブスとして使ってるだけで、しばらくしたら手放そうと思っています。

それとは別に、僕が正統派なプロセスと思っているものをご紹介します。

スパンとしては、最低でも3~5年、あるいは10年くらいかけて、概ね、こういう風にゆっくり進めていくといいんじゃないかっていう。それが、「トップ」「コアチーム」「砂場」「全体」という流れです。

一番大事なのは、何よりもトップの変容です。よく私にも人事部からティールを推進して欲しいっていう依頼が来るんですけど、それは困るわけですね。代表の世界観が変わらない限り絶対ティールにならないのは、ラルーさんもいっています。

コーチを付けるとか、前回お話ししました鏡という存在を置くことによって、すごくイライラするし、葛藤もあると思いますけど、弱さを出すとか、真実を語るとか、強制しないっていう感覚が掴めてくるみたいなことも含めて、半年～1年くらいかかるといわれてます。

そうする中で、売り上げが上がるとか、みんなの幸せになるといった抽象的なレベルではない、もっと奥底の「なぜティールにしたいのか」っていうものと、出会っていくっていう話。いまの組織をなぜ変えたいのか。痛みもあるかもしれないし、希望もあるかもしれないっていうところが、ロジカルなストーリーではなくて、共感を伴うストーリーとして語れるまで熟成したら、ようやく自分以外のプロセスに移っていく。

その時に、コアチームを集めます。一番初めに実験的に少人数でティール的な試みを試してみたり、もう少し本を読み込んでいきながら、これを制度として入れていこうかっていう検討をしたりとか、そういうような試みをするのがコアチーム。

トップが招待するわけですが、その時に本当に心から語れるか。自分を内省したり、探求していく中で、何かより良い組織を作れるような気がしていて、勇気を持っていまのトップダウンのやり方を手放してやっていこうと思う。だから、実験したいからコアチームで一緒にやっていこうよ、みたいな感じで語るわけです。その時に、例えば私はいま、参加するモチベーションが湧きませんっていう風に断られた時に、どういう態度に出るか？「こんなに考えて、考え抜いてやろうとしてるんだから、一緒にやろうよ。何で断るの」とか、極端な話、怒り始めたりすると、全然探求できないっていう話。その時に「そっかぁ」みたいな感じで、それに対して「もうちょっと、なぜやりたくないのか聞かせてもらえる？」っていうくらいの会話はしていいと思いますけども。それで強制してるっていうことは、まだ全然、指示命令と一緒ですよね。誘っているようで指示命令になっているっていう話。

当然断られることも含めてちゃんと「あ、そっか。今は自分の求心力的には無理だったんだ」みたいな話とかも含めて。それでも何人か、いままでだったら押し付けてたところを「そっか」っていう変化をまざまざと現場が感じてくれる。

そんな感じでコアチーム的なものができてきて、一緒にティールを勉強したりだとか、いまの組織の痛みって何なんだろうとか。そもそもうちの組織ってどうあるべきなのか、みたいなことを試していく。

そうすると、トップも含めて弱さをさらけ出せるような、そんなコアチームになっていくわけですね。コアチームのメンバーも驚きますよね。いままでがんばって、すべてを委ねてきた社長がじつはいろいろな葛藤とか悩みを抱えてやってきたことを全部オープンにしてくれて、一緒に考えて組織の変化を作り出していく。それが、コアチームにしてもエネルギーになる。ここが本当に安心・安全で何でも話せる組織に変化していく。そうするとコアチームの中のエネルギーが、すごく上がってきます。

そしたら次、「砂場」っていうミドルゾーンに来ます。いきなり全体にいくんじゃなくて、例えば実験するプロジェクトをいくつか立ち上げるとか、手上げ制で、やりたい部署でティール的なことを進めることかもしれないです。

その一部導入がどの単位かわからないですけど、それもさっきと同じです。コアチームで話し合ったから、このチームでティールやるって感じで、トップダウンで決めてたら、全然体現されてない感じになりますよね。

その時にもコアチームのメンバーが、一人ひとり会って、「こういうのをいま、始めるところから誘われて、俺もコアチームに入って探求している。この変化っていうのは、次の組織を作っていく気がするので、一緒にやってみないか」っていうようなインビテーションを送る。

その上で、断る権利もやっぱり担保しつつ、共感してくれる人と含めて広げていくっていうパターンもありますし。大きな組織だったら、「コアチームでこういう話をしていたので、ティール的に運営したい部門は、実験プロジェクト走らせるから」っていうので、手を挙げた部署から始めてみるっていうこともあるかもしれません。そうやって中規模に広がっていく。

そこは、何ら強制されずに広がっていくので、すごく安心・安全で、かつエネルギーに溢れてたりする。そこそこ結果も出始めてきたりすると、周りも気になってくる。もしかしたらいつの間にか全体に広がっているかもっていうことです。

ちょっと具体例を挙げていきたいと思いますが。ビュートゾルフ。2回前に説明した訪問医療の組織ですが、あるチームがですね、高齢者が骨折すると、医者に通って治してもやっぱり後遺症みたいなものが残りやすい。これじゃ利用者さん幸せにならないなぁっていう中で、骨折する前のサービスを立ち上げようってことで、理学療法士とか専門家を外部から呼んで来ながら、オリジナルの予防プログラムを開発しました。ある現場の12人。

それは素晴らしくて、すごく評判が良かった。普通のオレンジまでのパラダイムだったら、その成功事例を全社展開しようという感じ。全社に予防プログラムをやりましょう、っていうやり方をするんですけど、ビュートゾルフはそういうやり方をしないわけですね。

当然社内のSNSにはその成功談がシェアされてますし、みんな知っている。何が起こるかっていうと、他のチームから問い合わせが来たりとか、「うちのチームでもやってみたいから勉強会開いてよ」とかですね。そういうような依頼がいくつかある中で、徐々に違うチームでも予防プログラムをやっていくということが広がっていって。最終的にはかなり多くのチームがやっている状態になっていく。

決して上から標準化するという動きはしていかない。こういうようなムーブメントによる広がりみたいなことがティール組織では起こっていく。同じような感じでティール的な世界観とティール的なコミュニケーション。ティール的な仕事が、徐々に全体に広がっていくというプロセスで。統率型の広がり方をしないんですね。

ある金融系の会社の人が、「ティールっていうのを事業計画に入れたので、早くこれを学んでこい」とトップにいわれて「どうしましょう、賢州さん」ってやってきた。これではワークしません。

強引にやるのではなく、穏やかに自然に拡がるというのがティール的にはすごく大事です。そうすると自然に、5年とか10年経って客観的に見たら、「あの組織はティールっていえるんじゃない」っていうような感じになってるかもしれない。
これがザクっとですけど、ティールの旅の始め方みたいなのをお話ししてみましたが、イメージできましたかね。何かこのあたりで質問ありますか？

天外　賢州さんさ、ここ1年で随分いろいろな会社から問い合わせあったでしょ？　何社くらい指導というか、こういうのお手伝いしました？

嘉村　本当にティール的な推進に向かっているのは2社ぐらい。ほとんどがその手前というか、社長が変わるとかじゃなくてっていう導入とか。話してるうちに「ティールじゃなくて、まだ自分はグリーンとかオレンジの間です」っていう風に自分で決断されて、健全なグリーンとかオレンジになるお手伝いをするっていう感じ。問い合わせはものすごく多いですけれども。

天外　問い合わせはどのくらいですか？

嘉村　20社くらいかな。

天外　健全なオレンジ、健全なグリーンっていうのは？

嘉村　例えばグリーンの発明っていうのは、カルチャーですよね。文化とか人間関係っていう発明であり。ティールはさらに自己決定権であるとか、本当の意味の安全・安心とか。ティール的な自主経営の仕組みとかっていう発明であるんですけど。どちらかというと、その良さをオレンジに少し取り入れるっていう形で、健全なオレンジを作ろうっていう感じですね。オレンジ組織に、ちょっと対話文化を入れたりとか、ちょっとカルチャーっていうものを入れたりとか。

機械的な指示命令じゃなくて、そこの上下関係にも人間関係のトレーニングをすると、穏やかになったりするっていうような、グリーンの要素をオレンジに入れる。ティールの要素をグリーンに入れる。みたいなことをお手伝いしてるっていう感じで。

天外　権限委譲するとか。

嘉村　そうですね。行き過ぎたオレンジ、行き過ぎたグリーンにならないようにっていう感じです。

塾生4　うちは、それで行きましょう。

天外　健全なオレンジの指導もするんだ。

塾生12　本に書いてある前提、組織の価値観みたいなのだと思うんだけど、あるいはうちの基本ルールみたいなの、たとえば会議のルールみたいなやつって、今のプロセスの中でどの時点で形成されていき、どのように浸透していくのでしょうか？

嘉村　ありがとうございます。文化面の記述とルールと仕組みっていう話だと思いますけども。まず大前提でいきますね。

前回も話したと思うんですけど、全員がティールのパラダイムの人が集まってたら、そもそもルールも明文化も必要ないってことですね。この前話した通りです。ただ、残念ながら人って多様なので、ティール的な人もいれば、そうじゃない人もいますし、リーダーだってティール的に振る舞える時もあるし、振る舞えない時もあるから、最低限の仕組みがないと、ティール的にはなっていかない。で、それを作っていく。カルチャーの明文化とか、ルールの明確化とか、仕組みを導入せざるを得ないんですよ。まだまだ人類はティールの人が少ないので。

そんな時に、最低限性善説で作っていきましょうね、っていうようなことが大事になってきます。その際に、いろいろなパターンがあると思います。そもそもの社長の世界観を明文化するっていうような感じで、それが伝わるようにっていうこともあるし、コアチームで一緒に作っていくっていうこともある。ホールシステムアプローチっていうんですけれども、全員参加の対話の場みたいなものを作ってやっていくっていう方法もあるかもしれないし。それはいろいろなパターンがあります。

ただ、大事なのは、作っても変化の余地を残しておかないと、結局トップダウンと一緒です。よりみんなで作った方が、納得感とかそういうのが高まっていくという意味で、安易にトップが作ってみてこれで行くぞっていうのは、あまり良くないかな、というような感じで思っています。

「ここだけは押さえておいて」っていう少しのことだけ明文化しておいて、プロセスが進む上で増えていくみたいな感じもありかなぁと思います。それはカルチャーの明文化もそうですし、ルールもそうですし、仕組みもそうで。

仕組みって税金みたいなものなので、いきなりいっぱい導入すると慣れるのにも時間がかかるし、人って変化を怖れるので、いきなりいろいろなやり方をやらされるってなると、どうしても受け身になるし、被害者意識になっていくので、ちょっとずつ導入せざるを得ない。

その時に、どのメンバーと考えて、うちにはチベタンベルをチンと鳴らすような向き合い方が合ってるからやってみようよ、とか。サンクスデーやってみよう、かもしれないし。できればみんなの知恵でやるとか、あるいは、誰でも参加できるタスクフォースにして、やっていく。答えになってるかどうかわからないけど、どうですか?

塾生12　やっぱりあれですね。トップに最初の核がないと始まらないのかな？　なんか世界観。それがちょっと凝縮されてきた時点でもう広げてコアチームに落とせる。落とせるっていい方もおかしいね。

嘉村　その凝縮したものが、共感を呼ぶ必要はあります。さっきのように、インビテーションして強制してはいけないように。このコアとして作ったものも、みんなが共感してなかったら始まらないと思うし。絶対ここが性悪説的なものでなってるものもあり得るので。

塾生12　どっちかっていうとストーリーで語っていった方がいいですか？

嘉村　そうですね。ストーリーで語っていった方がいいと思います。

塾生13　ティール組織のトップが手放しているものの象徴みたいなものって何ですか。始めていく時。

嘉村　基本的には、そうですね、強制、指示命令をしないやり方もそうですし。

天外　ひと言でいえばコントロール願望だね。コントロール願望を手放すことが、指示命令しないことにも繋がるし。

武井　服装も結構ありませんか？　僕は不動産業界の方との付き合いが多いんですけど、不動産業界だと、だんだん上の人たちが、ネクタイを外し始めてるんですよ。スーツはまだ脱げないけど、権力の象徴であるとか、仕事の鎧の象徴であるスーツを。何だろう、ファッションとして着ていたらいいんですけど。仕事だから着なきゃいけないっていうのをちょっとずつ取っていく。

嘉村　ラルーさんがいっているのが面白いのがあってですね。まず、社長ができて、従業員ができないことを列挙しましょうと。社長専門の車があるとか。社長部屋があるとか。そういうのとか。決裁権がこれだけとかそういうことを、わーっと書き出していって。どこから外せそうですか？　っていう話をして。

塾生13　それは自分で書き出すんですか？

嘉村　自分で書き出す。結構やっぱり外せないもので、人間。外せないけども、もしそれが外せた時に、じつはものすごく気が楽になる可能性ってありますよねって、提案してました。

天外　いまの武井の話で、やっぱりスーツを着てないといけないの？　ビジネスシーンで。スーツはあれ、鎧だよね。

塾生14　対応するお客様の業種とか関係性にもよりますが、いきなり最初から「こいつふざけてんじゃないの?」って思われてシャットダウンされると商売の機会を失う。

天外　でもそれは怖れであって、現実にシャットダウンされた経験はないよな。

武井　ネクタイって、剣ですからね。もともと戦闘に行くための戦闘服。アパレル系の。

塾生14　やっぱりなんかTPO的なものってあるのかなと思って。やっぱり相手の意識が発達してるというか受容度が高くないと、軽く見られるってことがあると思うんですよ。

昔リクルートにいた時に、面白いマネージャーがいてね。クリスマスだからトナカイの着ぐるみを着て行こうみたいな感じで、頭をトナカイにして生命保険会社に行ったら、向こうがあとで「あの課長はもう連れてくるな」とか、すごく怒り出したことがありました。急に極端なことをやると誤解される可能性はある。

天外　でもそこで誤解した相手と取引しなきゃいけない?　いま。

武井　その客と取引を辞めたら、本当のお客さんはもっと増えるかもしれない。

塾生14　それはあるかもしれない。

天外　天外塾の塾生でさ、カジュアルを通り越して、崩れた服装をしてる税理士さんがいて。税理士って普通はこうビシッとした格好でお客様に会うじゃない。それで「お前どうなんだ」って聞いたら、この服装で会うと、いいお客さんがいっぱい集まるといってたんだよね。だからこれもひとつの発想だなと思って。だから今そのスーツ、ネクタイじゃなきゃいけないという囚われというか、そこの背後には怖れがあって、それを外すと意外にうまくいくんじゃないかなって気がするんだよね。

嘉村　知り合いのファシリテーターでも、あえてホームページをきちっと作らないという人がいて。作ると、しっかり仕事やってくれそうだなっていう依存系のお客さんが集まるけども、適当な中でもやりたいと、いろいろ読み込んでくれてたりとか、よくよく理解し合える仲でやり合うので、やりやすいからホームページは作り込まないようにしてるんです、とかって。

いろいろな価値観、固定概念があると思いますけど、外せるものと外せないものの境界線って、じつはいろいろな幅がありそうだなって話。

天外　そこの辺の壁とさ、この組織の壁と同じなんじゃない？　要するにスーツを着てなきゃ排除されるという怖れみたいなものと。解放するとぐじゃぐじゃになっちゃうんじゃないかっていう怖れは、同質の怖れで、その怖れがある限りなかなか組織が進化しない。

嘉村　問いとしては、どうやったらこの社会で生き残れるんだろうっていう問いができると、これはしておかないといけないかなっていう議論が増えていきますし。どうやったら、私たちの思いがより伝搬していくんだろうとか。私たちの本当に出会いたいお客さんと出会えて、盛り上がっていけるんだろうっていうような感じにすると、私服でもなんかものすごく大好きでいてくれるかもしれない。

そこの嫌われないことにエネルギーを使うのか、より好かれることにエネルギーを使うのかっていうところで、組織内で、どういう対話が多いかっていうことによって、また変わってくる可能性はあります。

天外　たぶんスーツを着てネクタイ締めて会うよりもさ、すごくだらしない格好で会った方が、向こうも鎧を脱ぐと思うんだよな。昔大企業にいた人の発言とは思えないけど（笑）。

たかが服装のことだと思うかもしれないけど、鎧を脱いで自らを開放する、という内面を象徴しているし、意外にこういうところにティール化の神髄が潜んでいるかもしれない。まだまだ、いろいろな角度から眺めてみると、きっと思いがけない発見があるよ。

あとがき

嘉村　賢州

　この本は天外さんのお声がけの元、ダイアモンドメディアの武井浩三さんにもサポートに入ってもらい2019年1月～3月に開催された「嘉村塾」の講演内容をベースとして編纂されています。本来は2019年中の出版を目指していたのですが、どうしても私の方の原稿の進み方が悪く、半年以上遅れての出版となってしまいました。改めて、辛抱強く待っていただいた天外伺朗さん、内外出版社の関根真司さんに感謝を申し上げます。

　こうしてずるずると原稿の完成を延ばし、いよいよ仕上げないといけないというときに世界に予想もしなかったコロナ禍が起こりました。世間の声の中に、こういう時こそ強いリーダーがビジョンを示し引っ張っていくべきだという声と、刻々と状況が変化していく中また在宅の仕事環境など旧来のマネジメントが機能しにくい状況下の中で、現場の一人ひとりが自分の信念に照らし合わせ自ら判断できる組織になっていかなければならないという二極の方向性が生まれつつあります。そういった状況の中、原稿の校正が終わり、今あとがきを書こうとしていることに不思議な必然性を感じます。

ちょうどコロナ禍がまさに顕在化しようとしていた3月末、ふたりの外国人のゲストを迎えて英治出版様と共にイベントを開催しました。ゲストは本著でもよく事例として取り上げたビュートゾルフの代表ヨス・デ・ブロックさんの息子さんにあたるタイス・デ・ブロックさん。そして600人規模の精神病院であるハイリンゲンフェルトの創設者のヨアヒム・ガルシュカさんでした。日本におけるホラクラシーの第一人者でもあるNOLの吉原史郎君もゲストとして迎えた対談イベントでしたが、その途中の質問で思い切って「こういった状況下でそれぞれの組織ではどういう風なことが起こり、どのように解決していくのですか？」というストレートな問いを投げかけたのです。頭の中の組織論ではなく、リアリティのある組織論として今しか聞けないと思い投げかけました。ビュートゾルフでは現場からの声が上がり、臨時のプロジェクトが組成され動いているという話がされ、ヨアヒムさんからは「こういう時期に怖れで動いて良いことはひとつもないんだ。私たちはこの状況から何が学べるだろうかという問いをみんなと探求して行動していくんだ」と語りました。終始彼らの穏やかでそして人を信じるその在り方に、心を温かくした時間となりました。

時は経つのは早いもので、ティール組織が出版されたのは2018年の1月です。すでに2年以上の月日が経とうとしています。さらに4年をさかのぼった年に私はティール組織という概念を初めて知りました。知った瞬間、心にざわめきを感じ、何も手掛かりがない中、海外の実践者、探求者と交流しながら学びを進めてきました。その中でご縁があり、日本版の本の解説を担当させていただくことになりました。

しかし、その後、何度かいくつかの出版社からティール組織に関する出版のお話をいただいたりしたのですが、丁重にお断りをしています。それはその当時まだ自分自身がティール組織という世界の入り口に立っている未熟な存在ということもありますが、フレデリックがよく「要約はあまり読まない方が良いよ。要約はその人が持っているパラダイム（世界観の色眼鏡）が反映されちゃうから」と言っているように、その深遠なる世界観と新しい故につかみにくいその叡智を簡単に扱ってはいけないという感覚を持っていたからです。そういうこともあり、当初今回の執筆にあたってもタイトルに「ティール組織」という言葉を含みたくないと話していたのを思い出します。

そんな中、私の中で大きくふたつの理由があって今回の出版を進めようかなと心が動き始めました。ひとつはこの折角の広がりを流行で終わらせたくないという想いです。ティール組織が唯一正しいものという想いはまったく持っておらず、さらにこれから発展したり、まったく違う角度の組織経営のやり方も生まれていくとは思っているのですが、勢いよく売れたことで、少し浅い広がりになっていることを危惧しています。

日本でもいくつかの組織が非階層組織＝ティール組織という形で名乗り始め、それをメディアが取り上げて記事にするという流れ、ビジネスチャンスも広がってきていることにより様々なティール組織づくりのノウハウが出てきています。しかし、どうしても私にはそれらがティール組織の表面に見えるところをなぞっており、その先にはやっぱりティールは理想論だったよねという落胆が次第に広がるような予感がありました。しっかりと本質的なティールの世界観を知ってほしいという想いが湧き上がってきました。

もうひとつはティール組織の著者、フレデリック・ラルーとの出会いです。実はフレデリック・ラルーはほとんど露出しない人でニューヨークから6時間ぐらい車で行ったところにあるエコビレッジに住んでいます。彼にメールを送ると自動返信メールが帰ってきます。今は家族を大切にしたいフェーズなので1週間以内に返事がなかったらNOと思ってくださいという趣旨のメールが返ってきます。実は解説を担当した当初はフレデリックには会ったことはなく、今後も会えることはないだろうとあきらめていました。しかし、日本での売れ行きが世界の中でも異例だったこともあり、フレデリックが日本に興味を持ってくれたのです。ここはタイミングと思い、英治出版の下田理さん、NOLの吉原史郎くん、ジョンソン・エンド・ジョンソンでHRの仕事をしている藤間朝子さんと一緒にエコビレッジに足を運びました。そしてなんと2019年9月には日本に約1週間来日され学生向けのセッション、講演会そして経営者向けのワークショップなどを開催してくださいました。

共に過ごしている時間の中で彼の分け隔てのない人への思いやり、ユーモア、そしてより良い世界を実現したいという情熱を幸せなことに近くで感じさせていただきました。巻末資料1でも文章を載せさせていただきましたが、フレデリックはティール組織における役割はある程度果たしたと思っていること。そして子どもやそして未来に生まれる孫の世代のために新たに環境問題に取り組みたいこと。そのふたつの想いがあり、実質日本でのこの来日以降、世界においてティール組織にまつわる活動は終えるということを伝えられました。それを知った時とてもショックだったと同時に、彼がその人生の長い時間を使って探求してきた深遠なる想いや知恵をしっかり深いレベルで伝える役割が自分にはあると覚悟が決まった瞬間でもありました。

今回の本はそんなティール組織の深みに少し触れることが出来る内容になっていると私は自負しています。同時にこの本はあくまで入り口です。もし、この本を通じて新しい未来を歩み始めたいと思った皆さんは是非原著『ティール組織』（英治出版）を手に取ってください。さらに学びを進めたい方はまだ英語でしか配信されていませんがフレデリックが出版後たくさんのCEOと対話を進める中で気が付いた落とし穴や具体的な方法論について語った約130本のビデオシリーズがインターネットに公開されています。ぜひそちらで学びを進めてください。宝物のようなこれらの叡智は実はギフトエコノミーで配信されています。可能な方は是非フレデリックに寄付を払ってあげてください。

最後にこの本が書けるようになった背景には担当の下田理さんをはじめとする英治出版の皆さんの存在は欠かすことができません。『ティール組織』の解説の機会をいただいたこと、そして発売後も一緒にティール組織の叡智を探る旅路があったからこそ今の自分があると確信しています。また、日々自由に探求し動き回っていることを応援し、励まし、支えてくれているNPO法人場とつながりラボhome's viの仲間たち、妻の嘉村こずえにも改めて感謝の想いを伝えたいと思います。

私は人生を通じて縁というものの力強さを信じています。何かしらの縁でつながりができた読者の皆さんと優しく美しい世界を一緒に作っていく事を楽しみにしています。

2020年7月

フレデリック・ラルーとの回想録

一番忘れたくないもの

嘉村賢州

奇跡のような5日間が過ぎ、明日からまた日常が始まっていく。
まだまだ全然総括もできないし、新たな何かが始まる気もしない。
でもずっと夢見ていたことが、とても美しい時間となって過ぎ去っていった。

20人の世話人そして約100人近くにわたる関係者と作った9月14日のティールジャーニーキャンパス（TJC）は、はっきり言って同じようなことをもう一度やってと言われてもまったく自信がないほどそれは奇跡的な場になった。
結果として世話人一人ひとりが僕の人生の中でかけがえのない存在になったのは間違いない。このプロセスに関してはまたどこかで記事としてまとめたい。

14日の最後の時間、フレデリック・ラルーに対する会場全体のスタンディングオベーション。こんな感謝と祝福に包まる瞬間は体験したことがない。

去年の結婚式まで人生の中でほとんど泣いたことがない自分がこの5日間の中で何度も泣いてしまった。

14日の懇親会の挨拶の時間、まったく泣くようなつもりもなく奇跡のようなパフォーマンスを出していた仲間一人ひとりを思い浮かべ感謝の気持ちを伝えていた。そして最後の最後、その原点になっているそのフレデリックについて話そうとした瞬間、僕の涙腺は崩壊した。

5年前、まさかこのような物語がはじまるとは想像もできなかった。

だからこそ記憶が鮮明なうちに少しはテキストとしてここに書き起こしておきたい。

「今の私がこの瞬間、何をするのが最も意味があるのか?」

今回、フレデリックが日本に来日することが決まった時、『ティール組織』の編集者、英治出版の下田さんと私はどうせ日本に来るんだから、少し観光でもしてもらって日本を好きになって欲しいなという想いがあった。しかしフレデリックは「その必要はない」という。あくまで日本でのムーブメントを後押しするために行くんだから、自分の時間はフルにそのために使ってくれたらよいというのだ。

もしかしたら、その時にはもうこうなることは気づいていたのかもしれない。ティール・ジャーニー・キャンパス後、衝撃的な事実を知ることになる。

それは、フレデリックはティール組織に関するプロジェクトをもう終わらせるというのだ。フレデリックは「自分の息子や娘がさらにその子どもを産みたいと思えるような世界を作っていきたい」という想いの元、人生の力点を環境問題のプロジェクトに移すことにきめたというのだ。

「決して、ティール組織に関することに飽きたとか、そういうわけじゃないんだ。この2日間を見てもわかるだろう？　僕がどんなにこの分野が好きで、情熱をそそいでいるか。でも僕はこちらの方に人生の時間を使いたいんだ」（フレデリック）

実は先の予定もどんどん断っているらしく、一部の海外のクローズドな場を除いて、ほとんどティール組織の活動は残っていないとのこと。実質今回の来日でのストーリーテリングやワークショップがフレデリックのティール組織に関する活動の最後となったのだ。次回というのはもうないのだ（どこかで奇跡を願ってはいるが…）。

とってもやさしいリアリスト

「1時から始めよう」

ワークショップの最後の日、午前中のプログラムも盛り上がり12時15分を過ぎていた。最後の日でもあるので交流もしたいし、自然豊かな清里の環境でもあるのでゆっくりお弁当を食べるのもありかなとも思いつつ、全体の終わりの時間も近づいているなかで、参加者全体に「昼休みいつまでにしましょう？」とたずねた。

そうするとフレデリックが間髪入れずに「1時から始めよう」というのだ。最後の最後一分たりとも無駄にしたくないというフレデリックの熱い想いを感じた。

今回のフレデリックとの時間の中での大きな発見は、フレデリックは極めてリアリストであったことだ。

「その組織がティール組織かそうでないか？　といった質問は興味をそそられな

い。でも今の組織がヘルシーかそうでないか？　あるいは一人ひとりがエゴやシャドーから行動しているか、そうでないか？　という問いからは意味のあるプロセスは生まれるかもしれない」（フレデリック）

「新しい組織の形を目指すときに『変化に強くなるため』とか『メンバーを幸せにしたい』とか『俊敏な組織にする』とか、それらは全然理由になっていない、その背景には必ず具体的な「痛み」などの、極めて個人的な経験があるはずだ。その経験から話さない限り、変革は始まらない」（フレデリック）

今回の2日間のワークショップでは僭越ながら私と吉原史郎君もコファシリとして一緒に進行をさせてもらった。ふたりとも組織変革のファシリテーターとしての仕事は本業ではあるが、あまりのフレデリックの場づくりの繊細さ、温かさ、質問の美しさに衝撃を受けた。

どれだけこの人はクライアントに真摯に向き合ってきたのだろう。

繰り返しフレデリックは言う。

「僕が言っているからって『それでいこう』というのはやめてね。僕を〝上に立つ先生〟にしないでね。どんな些細なことでもフィードバックをくれるとうれし

い」（フレデリック）

フレデリックは本当に真摯にフィードバックを僕らに求めてきた。

残していってくれたもの。儀式としてのこの5日間

14日、イベントの最終局面、私はステージでこう参加者に向けて話した。

「フレデリックがいるうちにできる限り質問をぶつけて、この機会に正しいティールをしっかり理解できるようにとずっと思っていたが、それは違う気がする」と。

フレデリックも言う。


「もう、僕はいなくなるんだから」（フレデリック）

フレデリックが答えをもっていて、それを教えてもらうのではなく、フレデリックがそうであったように、人として絶対失いたくない「自分の中にある正しさ」を軸に違和感に耳をすまし、一つひとつ、今までの組織や働き方・生き方の固定観念を塗り

替えていく。
私たちが学ぶべきは具体的な理論やテクニックではなくもっと根源的な部分なのだ。

ろうそくからろうそくへと火をともすように、何かフレデリックの近くにいると、人間として大切なものを本当に大切にしながら生きていくありかたが何か身体を通じて伝染していくような気がした。

正直言って、もっともっと一緒に過ごしていたい。

今回の来日のスタートの日、フレデリックが成田空港に降り立ち、タクシーでホテルに向かう最中、決して不機嫌ではないのだが、全開の喜びのようなものは感じなかった。
15日、新宿駅から山梨県へ移動する電車の道中、ちらっとちらっと窓の外を眺める頻度が上がってくる。お弁当を食べながら窓の外を眺めるフレデリックの横顔が本当に子どもの様でかわいらしかった。
清里の森の中を散歩するときには本当に飛び跳ねるように歩き、みんなとはまったく違う方向に逆回りにひとり森の中を歩いていた。本当に自然が好きなんだなあと感じた。

他にもいっぱいいっぱい忘れたくない風景がある。

東工大の学生の人生の悩みに真剣に耳を傾け、アドバイスを送るフレデリック。

賢州はシリアスそうな表情をしているからと「これ、かぶりなさい」ユニークな帽子を私にかぶせるフレデリック。

まったく違うエネルギーを発しながら新しく始める環境のプロジェクトを語るフレデリック。

いろんなことをそのあり方から教えてもらった。

そして、最後の最後の時間のこと。

フレデリックがひとつ大事にしている考え方にソースというものがある。プロジェクトや組織には必ずひとりは存在するというそのソースは、要は存在目的から呼びかけられるラジオのような声を一番近くで聞くような立場だ。誰にでも聞こえるはずだがソースの役割はそのセンスが強い。決してトップダウンの権力は持たないが、組織には必要な役割だという。

よく事業承継などを行う際、このソースの引継ぎがうまくいかないことが多いという。その引継ぎをうまくいかせる方法について彼はいった。

儀式をする必要があると。きちっと明け渡す方も終わりの儀式をし、そして受け取る方も新たな始まりを祝福する。そして周りもそれを見届ける。そんな儀式が必要だというのだ。

14日のティール・ジャーニー・キャンパスは僕にとってのすべてであった。その日以降の事はまった考えてなかったし、むしろ考えることができなかった。なのでその後の2日間はなんかぽっかり空いてしまったような状態だった。

今回急にフレデリックがティール組織に関する取り組みを辞めるといったときからずっとざわざわしていた。今思えばどこかで分かっていたという気はする。

最終日の最後の最後、少人数でこの5日間を振りかえる少人数のダイアログ。

「この2日間を儀式として、日本におけるティール組織のソースを賢州に引き渡

します」（フレデリック）

どこかで確信はあったけど、フレデリックの口からその言葉を聞けて素直にうれしかった。

僕はフレデリックと出会えたことは運命だとずっと思っている。

フレデリックが新たな道に旅立とうとしている今、ティール組織に東洋の叡智をあわせ、進化して世界に返すこと。今私自身そのことが自分の人生に呼びかけられている目的だと感じる。

こんな私にその大役は果たせるかわからないけれど、きっと仲間たちが助けてくれるだろう。

奇跡の時間とともに過ごしたあらゆる人に感謝。

巻末資料 2

人間の意識の成長・発達のサイクル

天外伺朗

F・ラルー『ティール組織』では、アンバー、レッド、オレンジ、グリーン、ティールと、組織の進化の様子が詳細に語られました。彼は、組織の進化は、一人ひとりの個人の意識の成長・発達に支えられているとし、その階層構造を組織の進化と同じ色で表現しました。

一方同書には、K・ウイルバーの解説も掲載されています。K・ウイルバーは、初期の著作では同じように個人の意識の成長・発達の階層構造を定義しましたが（『アートマン・プロジェクト』、原著は1980年）、実際に観察される人の成長・発達と合わない（特に超個のレベルで）との批判を受けて、人が丸ごと階層構造に沿って意識を成長させる、という主張をあきらめ、12の細かな領域ごとに意識を発達させる、という主張に変えました。同書の解説では、それが述べられています。

つまり、『ティール組織』は、本文のF・ラルーによる「人間丸ごと」の意識の成長・発達論と、それをあきらめたK・ウイルバーの「12領域」ごとの意識の成長・発達論と、矛盾するふたつの論議が掲載されています。

天外は、K・ウイルバーの「12領域論」をさらに発展させ、人間としての土台にあたる「主軸的発達段階」と、それぞれの能力とを分けることにより、K・ウイルバーが初期に受けた批判を解決しました。PCにたとえると、OSとアプリを分けて考えるようなものです。そして、「主軸的発達段階」に関しては、K・ウイルバーの初期の提案をそのまま採用しました。

じつは、F・ラルーの議論には「超個」のレベルは含まれておらず、K・ウイルバーの受けた批判とは無関係なのですが、天外の主張する「主軸的発達段階」を記述していると解釈すれば、双方矛盾なく説明できます。

ただし、F・ラルーはK・ウイルバーの初期の提案に比べると「グリーン」という階層を新たに追加しております。

以下、詳しくご説明しましょう。

私たちは、おぎゃあと生まれ、身体はすくすくと成長して大人になり、やがて老いて死んでいきますね。身体の成長のように目には見えませんが、まったく同じように意識も成長していきます。

幼少期の意識の発達に関しては、「発達心理学」という学問が、大人になった時の意識レベルに関しては、「自我心理学」や「深層心理学」が解き明かしてきました。古典的な心理学は、そこまでしか扱いませんでしたが、近年、「トランスパーソナル心理学」や「インテグラル理論」が、自我のレベルを超えて、仏教でいう「悟り」の境地まで視野に入れて発達論を展開しています。

ここでは、それらを参考に、人間の意識の成長・発達の様子を見ていきましょう。

256ページの図は、K・ウイルバーが『アートマン・プロジェクト』(P10、1997年、原著は1980年)で提案した意識の成長・発達モデル(K・WⅡ)をベースに天外が大幅に改定したものです。

このK・WⅡというモデルは、実際に観察される意識の発達とはかなり違うという批判が起こり、彼はその後使っていません。その批判に応えるため、K・ウイルバーは発達の階層構造を全人的に議論するのではなく、12の細かい発達領域(ライン＝たとえば、認知機能、心の知性、倫理的知性、身体的知性、精神的知性……など)に分け、それぞれの領域ごとに異なる発達段階をたどるという主張に替えました。


K・ウイルバーはその後、個人の内面・外面、社会(人間集団・組織)の内面・外面などの4つの象限が相互に大きく影響しあっていることから、そのひとつだけにとらわれるのではなく、四象限を同時に検討すべきだ、と主張しました。そのひとつの成果が、F・ラルー『ティール組織』だといえるでしょう。K・ウイルバーは、これと上記の領域別発達モデルと合わせて「インテグラル理論」として壮大な構図の体系化をはかりました(『ティール組織』のK・ウイルバーの解説参照)。

たしかに、実際に宗教的な修行者などを観察すると、ある領域はものすごく発達したのに、他の領域は未発達、ということはよく起こっており、領域別発達モデルは妥当性があります。

しかしながら私は、12の領域を均等に見るK・ウイルバーの説を少し発展させて、PCでいうならばOSとアプリに分けて考えています。OSに相当するのが、その人の人間的な土台である主軸的発達段階であり、一方で、チャネリング（何者か見えない存在とつながって、未知の情報を獲得する）能力、法力（祈祷で病気を治すなどの宗教的力）、超能力などといった個別の能力がアプリに相当します。

「超個」のレベルに相当するアプリを獲得したからといって、その人のOSに相当する主軸的発達段階が「超個」に達したわけではないのです。OSではハンドリングできないアプリを獲得すると、「魂の危機＝Spiritual Emergency」（S・グロフ）が到来し、統合失調症と同様な症状が現れます。そのOS（主軸的発達段階）を論じるときに、K・WⅡはとても都合がよいので、復活させました。

もうひとつK・WⅡを採用した理由は、「初期自我」、「中期自我」、「後期自我」、「成熟した自我」の範囲に限れば、これはK・ウイルバーの学説というよりは、フロイト、ユングなどの古典的深層心理学そのものであり、すでに定説になっているからです。また、「超自我」、「依存」、「シャドー」などの深層心理学的メカニズムにより個人の意識の発達を説明できるという利点があります。

この図の「初期自我」、「中期自我」、「後期自我」、「成熟した自我」などは、R・キーガンの成人発達理論の発達段階2(利己的段階・道具主義的段階)、発達段階3(他者依存段階・慣習的段階)、発達段階4(自己主導段階)、発達段階5(自己受容・相互発達段階)などと、それぞれ、ほぼピッタリ対応しております。おそらく、R・キーガンもK・WⅡをベースにしたと私は見ています。

『ティール組織』やスパイラル・ダイナミクスも基本的にはK・WⅡがベースになっていますが、段階の数を少し増やしております。図で点線に囲まれた「グリーン」がそれです。

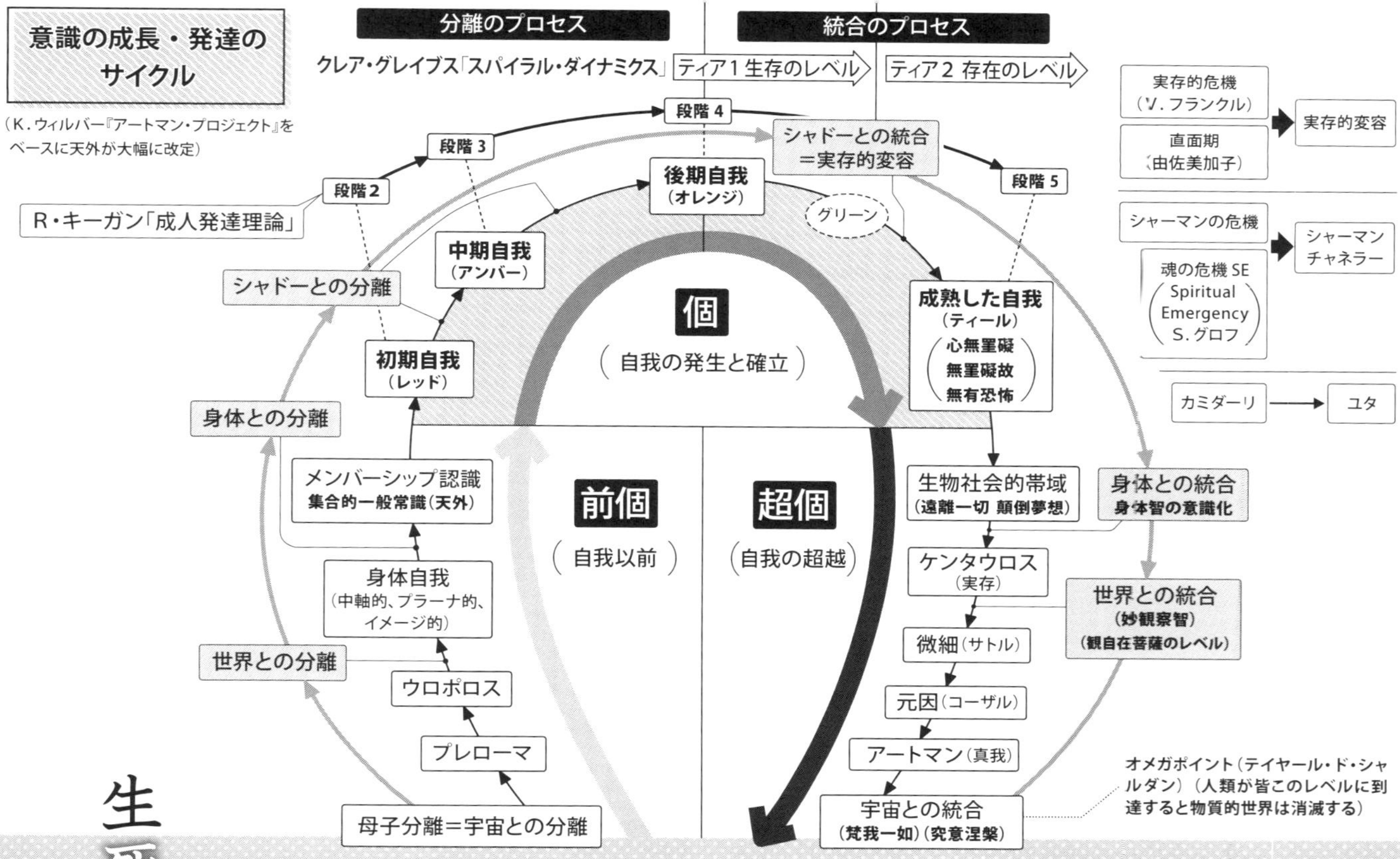
意識の成長・発達のサイクル
（K.ウィルバー『アートマン・プロジェクト』をベースに天外が大幅に改定）
分離のプロセス
統合のプロセス
クレア・グレイブス「スパイラル・ダイナミクス」
ティア1 生存のレベル
ティア2 存在のレベル
R・キーガン「成人発達理論」
段階2
段階3
段階4
段階5
シャドーとの分離
身体との分離
世界との分離
母子分離＝宇宙との分離
プレローマ
ウロボロス
身体自我
（中軸的、プラーナ的、イメージ的）
メンバーシップ認識
集合的一般常識（天外）
初期自我
（レッド）
中期自我
（アンバー）
後期自我
（オレンジ）
グリーン
シャドーとの統合
＝実存的変容
成熟した自我
（ティール）
心無罣礙
無罣礙故
無有恐怖
個
（自我の発生と確立）
前個
（自我以前）
超個
（自我の超越）
生物社会的帯域
（遠離一切 顛倒夢想）
ケンタウロス
（実存）
微細（サトル）
元因（コーザル）
アートマン（真我）
宇宙との統合
（梵我一如）（究竟涅槃）
身体との統合
身体智の意識化
世界との統合
（妙観察智）
（観自在菩薩のレベル）
オメガポイント（テイヤール・ド・シャルダン）（人類が皆このレベルに到達すると物質的世界は消滅する）
実存的危機
（V.フランクル）
直面期
（由佐美加子）
実存的変容
シャーマンの危機
魂の危機 SE
（Spiritual Emergency S.グロフ）
シャーマン
チャネラー
カミダーリ
ユタ
生
死
天外伺朗著『実存的変容』内外出版社より

さて、それでは図に沿って意識の成長・発達のサイクルを見ていきましょう。その前半は、「分離」することが成長であり、後半になると次々と「統合」していくことになります。

1　宇宙との分離

胎児にとっては、母親の胎内が宇宙のすべてです。母子分離は宇宙との分離であり、それによりバーストラウマが発生します。バーストラウマはあらゆる分離感覚の源であり、人生におけるあらゆる苦しみの要因だといわれています。

2　世界との分離

幼児は見えている範囲が世界だと認識しており、隠れるという概念がありません。「いないいないいない・ばあ」で幼児がキャッキャッと喜ぶのは、相手が世界から消えて、また突然出てくるからです。やがて幼児は「いないいないいない・ばあ」では喜ばなくなるので、世界と分離したことがわかります。

3　身体との分離

3歳くらいから第1反抗期が始まります。これは自我の芽生えですが、当初の自我は身体と分離していません(身体自我)。身体から分離した自我が発生する以前の領域を**「前個」**のレベルといいます。大人と同じように身体から分離した自我を獲得すると、自らの身体を客観的に眺められるようになります。

4 メンバーシップ認識

3〜5歳で、幼児はその社会が共通して持っている認識様式に参加していきます。私たちは、いまの日本社会とアフリカのマサイ族とで、人間が世界を認識する様式は変わらない、と思っています。ところが研究者たちは、そうではなく、それぞれの社会に固有の認識様式があり、幼児は無意識のうちにそれに参加していくのだ、と説いています。

たとえば、いまの日本社会では何か物があればその後ろは見えないのが常識ですが、LSDセッションをやるとそれが見えてしまうことがあります。あるいは、ランナーズハイや瞑想の「目撃の体験」では、自分の姿を斜め後方から見てしまうことがあります。人によっては、はるかかなたの様子を手に取るように見ることもあります（Remote Viewing）。どうやら人間は、眼球と視神経以外のメカニズムでも「見る」ことができるようです（科学的な説明はできません）。そういう能力まで含めると、人間本来の認識様式は、私たちの常識をはるかに超えた可能性があるのです。

これだけ人の行き来が多い日本社会とアメリカ社会も、細かく見ていくと認識様式が違います。たとえば、22口径のピストルで撃たれた時、アメリカでは頭か心臓に当たらない限り、まず死にませんが、日本では結構死ぬそうです。これを私は、「集合的一般常識」という概念で説明しています（天外著『無分別智医療の時代へ』内外出版社）。ピストルに撃たれると死ぬ、という常識が現実化してしまうのです。

真実に基づいて常識が生まれるのではなく、常識があるから、その通りの現実が起きてしまうのです。

その社会共通の認識様式に参加するということは、認識に大きな制約をもたらしますが、いわばその社会に参加するためのパスポートです。そのパスポートにより、人は楽に社会生活を営めます。

また、ほとんどの文明社会の認識様式は、仏教でいう**「分別知」**（物事を分離して認識する凡夫の認識様式）です。

5　初期自我

身体から分離した最初の自我が「初期自我」です。原初的、本能的な欲求がそのまま行動に出るのが特徴です。このレベルから自我の発生と確立である**「個」**のレベルに突入します。

6　中期自我

7歳くらいになると、親からのしつけなどから道徳観・倫理観を身につけ、行動を自らコントロールできるようになります。親が望む行動がとれるようになり、社会の一員に参加していきます。こみあげてくる原初的な欲求とそれをコントロールする道徳観の間で葛藤が始まります。大人の世界に対しては、被保護─服従─依存という関係性を保っています。

7　シャドーの分離

道徳観・倫理観が確立して自らをコントロールするようになると、「こうあってはいけない」という衝動や部分人格を自動的に無意識レベルに抑圧します。それは、強力なモンスターに育っており、**「シャドー」**と呼ばれています。

「シャドー」が強力に育ってくると、人はそれを投影して戦ったり、すべてを「正義と悪」というパターンで読み解こうとします。

8　後期自我

12歳くらいから、反抗期などを経て、親への依存を断ち切って独立した自我を獲得していきます。理性でコントロールして「立派な社会人」を演じることができるようになります。ただし、立派な社会人を装えば装うほど、シャドーも強力になり、「シャドーの投影」に起因する「戦いの人生」を歩むことになります。

9　実存的変容＝シャドーの統合

いままで次々に「分離」することによって成長してきた意識が、初めて**「統合」**に変わるのが**「実存的変容」**であり、「シャドーの統合」です。統合した結果が**「成熟した自我」**です。このレベルに達すると「怖れと不安」がなくなりますので、般若心経でいう「**心無圭礙無圭礙故無有恐怖**（心にとらわれがなくなり、そのために恐怖もなくなる）」という心境になります。「初期自我」、「中期自我」、「後期自我」、「成熟した自我」の4レベルが「個」

のレベル（自我の発生と確立）です。

10　生物社会的帯域

いよいよ自我のレベルを超越して、**「超個」**のレベルに突入します。最初に「4　メンバーシップ認識」で獲得したその社会共通の認識様式を手放します。分離の激しい社会の窮屈な認識様式を離れて、いよいよ**「無分別智」**に向かって一歩踏み出すことになります。

しかしながら、「4　メンバーシップ認識」で述べたように社会共通の認識様式はパスポートという意味もありましたので、皆が見えないものが見えたり、チャネリング能力が出てくると、生きづらさを感じるかもしれません。

社会共通の認識様式を手放すことを、般若心経では**「遠離一切顛倒夢想**（ひっくり返った夢のような認識から一切離れる）」といっております。究極は、肉体という革袋の中が自分なのではなく、宇宙全体が自分だという**「無分別智」**です。

11　身体との統合

私たちの身体は、意識レベルでは検知できていない様々な情報をキャッチしています。手に持った物体が毒かどうか、あるいは薬が効くかどうか、どのくらいの分量を飲めばいいのか、など、すべてわかっています。それを天外は**「身体智」**と呼んでいます（天外著『無分別智医療時代へ』内外出版社）。

いままでは、それを検知するために「O-リングテスト」、「ゼロサーチ」、「キネシオロジー」などの手法が必要でした。「3　身体との分離」で一旦分離した身体と再び統合すると、「身体智」を直接意識レベルでわかるようになります。そうするともう、医者が診断して薬を処方する、というプロセスは不要になります。本人が、どの薬をどれくらい飲めばいいのかクリアにわかるからです。

12　世界との統合

仏教には**「妙観察智」**という言葉があります。目の前のものと一体と感じられることです。一般の人には、何のことやらさっぱりわからないと思いますが、瞑想を実習していると、たとえば目の前の樹木と一体と感じるという神秘体験をすることがあります。通常はおびただしい涙にまみれます。瞑想中に一体感が得られたとしても、出てきてしまえば元に戻ってしまい、妙観察智の境地に達したわけではないのですが、日常生活でもそういう状態を保つ「妙観察智」のことを、あり得るかもしれないな、と想像することはできるようになります。

「2　世界との分離」で一旦分離した世界と再び統合するということは、この妙観察智の境地に達するということです。

妙観察智は観音様（観自在菩薩）の境地です。仏教（顕教）では、菩薩というのはそれぞれに悟りに至るひとつひとつのステップを表していると説いています。

般若心経というのは、妙観察智のレベルまで達した観音様が、さらに修行して究極の悟り（究境涅槃）に達する、というお経です。まずは、妙観察智のレベルに達しないと次にいけない、というのが仏教の教えです。

13 宇宙との統合

仏教には「究境涅槃」(究極の悟り)、ヒンズー教には「梵我一如」という言葉がありま す。梵というのは「ブラフマン(宇宙の究極的原理)」、我というのは「真我(アートマン)」のことです。最終的には自分が宇宙そのものだ、ということを実感するようです。この段階に達した人が**「無分別智」**を体現するのでしょう。

なお、テイヤール・ド・シャルダンというフランスの哲学者は、人類が全員このレベルに達するとこの物質的な宇宙は消滅するといい、それを「オメガポイント」と呼んでいます。

14 実存的危機

アウシュビッツの体験を書いた『夜と霧』で有名な心理学者のヴィクトール・フランクル(1905-1997)は、地位も名誉も収入もある成功者が、ときに「自分は何者で、人生の目的は何か」という根源的な問題に真剣に悩み始めることを発見し、「実存的危機(精神因性神経症)」と名付けました。

後にこれは「実存的変容」のための大切な前奏曲であることがわかりました。彼は、心理学者であるため精神的な危機のみに着目しましたが、実際には本人の身体、心、家族関係、社会的人間関係、社会的地位、などの複数の領域に危機が訪れます。

由佐美加子は、同じ内容を「直面期」と呼んでいます。自分軸を見失って、親の期待や世間の要望に必死に適合して生きてきたのが限界に達して、様々なトラブルとして降りかかってくる、と解釈しています。この危機をしっかり意識できれば、スムースに乗り切ることができるでしょう。

15 シャーマンの危機

沖縄のシャーマンであるユタは、カミダーリと呼ばれる霊的な危機を経て成長することが知られています。

トランスパーソナル心理学の創始者のひとりS・グロフは、このような現象を「SE(Spiritual Emergency)＝魂の危機」と呼んでいます。一般に、「主軸的発達段階」が未成熟なまま、「超個」のレベルの能力が身についてしまうとSEに陥ります。多くの場合、透視能力やテレパシーなど超能力に類する力が身につき、動物が寄って来たりしますが、「主軸的発達段階」が未成熟なので、単に精神のバランスが崩れているだけです。新興宗教の教祖の多くは、このSEの状態にあるので注意が必要です。

ユングは、SE状態で超能力が身についた時、自分がすごいレベルに達したと錯覚することを「魂の膨張(インフレーション)」と呼び、精神分裂病(統合失調症)になる危険性が高いと警告しています。

「シャーマンの危機」と「実存的危機」を混同する人もいますが、私は別物として区別しています。

「ティール・ジャーニー・ダイアログ」のお知らせ

天外塾では、本書の共著者、嘉村賢州さんを講師にお呼びしてセミナーを開催してまいりましたが、3期目の2021年からは下記のように大幅に改定して実施します。

【名称】ティール・ジャーニー・ダイアログ
【講師】嘉村賢州、天外伺朗
【日時】全6回、2021年1月〜3月（2週間に一度）、各4時間。
【開催】すべてzoomによるオンライン開講です。
【受講】
Ⓐダイアログ・ファイヤーキーパー：嘉村賢州、天外伺朗との対話により、ティール組織や人間の本質、意識の変容などに対する深い理解と気付きを得られる。個別のワークが入ることもある。定員10名。受講料：30万円。
Ⓑオブザーバー：講師とファイヤーキーパーとの対話を聴講できる。メッセンジャーなどによる質問ができる。講師やファイヤーキーパーからの要請があれば発言できる。定員なし。受講料：1講1万円（全6講で6万円）。

【主旨】『ティール組織』（F・ラルー著、英治出版）という本が話題になっています。組織の進化に焦点を当て、「信頼で結びつき、指揮命令系統がなくても良い生命体としての組織」という新しい組織運営の実践が始まったという内容です。

天外塾では、2005年の開講当初から「組織のお手本は生命体」と説いていますが、その理論的なバックボーンが提示されました。ただし「ティール組織」というのは、意識の変容に基づく世界観が大きく変わった結果出現した組織運営形態であり、理性と論理で簡単に理解できると思うと大違いです。このセミナーでは、二人の講師との深いダイアログを通じて、意識の深いところからの本質的な理解へつながるファイヤーキーパーと、それを聴講するオブザーバーの二種類の受講形態を用意し、皆様を深遠で魅力的な「ティールの世界」へいざないます。講師の嘉村賢州さんは、この本に解説を書いておられますが、2019年9月にF・ラルーより日本における「ティール組織の源《ソース》」に指名され、この分野の第一人者として活躍されています。

天外伺朗は、『実存的変容』、『人類の目覚めへのガイドブック』、『ティール時代の子育ての秘密』などを矢継ぎ早に刊行し、個人の意識の変容を中心に社会の大変革を追求しております。

本書は、第1期の嘉村塾の内容を中心に刊行されました。

【お申し込み・お問い合わせ】以下のホームページ、メールアドレスから

http://www.officejk.jp/　　officejk@onyx.ocn.ne.jp

嘉村 賢州（かむら・けんしゅう）

場づくりの専門集団NPO法人「場とつながりラボhome's vi」代表理事、東京工業大学リーダーシップ教育院特任准教授、『ティール組織』（英治出版）解説者、コクリ！プロジェクト　ディレクター（研究・実証実験）。集団から大規模組織にいたるまで、人が集うときに生まれる対立・しがらみを化学反応に変えるための知恵を研究・実践。研究領域は紛争解決の技術、心理学、先住民の教えなど多岐にわたり、国内外を問わず研究を続けている。実践現場は、まちづくりや教育などの非営利分野や、営利組織における組織開発やイノベーション支援など、分野を問わず展開し、ファシリテーターとして年に100回以上のワークショップを行っている。2015年に1年間、仕事を休み世界を旅する中で新しい組織論の概念「ティール組織」と出会い、今に至る。最近では自律的な組織進化を支援する可視化＆対話促進ツール「Team Journey Supporter」を株式会社ガイアックス、英治出版株式会社と共同開発。2020年初夏にサービスをローンチした。

天外 伺朗（てんげ・しろう）

工学博士（東北大学）、名誉博士（エジンバラ大学）。1964年、東京工業大学電子工学科卒業後、42年間ソニーに勤務。上席常務を経て、ソニー・インテリジェンス・ダイナミクス研究所（株）所長兼社長などを歴任。現在、ホロトロピック・ネットワークを主宰、医療改革や教育改革に携わり、瞑想や断食を指導し、また「天外塾」という企業経営者のためのセミナーを開いている。著書に、『「ティール時代」の子育ての秘密』『「人類の目覚め」へのガイドブック』『実存的変容』、『ザ・メンタルモデル』（由佐美加子・共著）、『自然経営』（武井浩三・共著）、『幸福学×経営学』（小森谷浩志・前野隆司・共著）、『人間性尊重型 大家族主義経営』（西泰宏・共著）『無分別智医療の時代へ』（いずれも内外出版社）など多数。

「ティール組織」の源《ソース》へのいざない

発行日　　2020年8月8日　第1刷
著　者　　嘉村 賢州　天外 伺朗
発行者　　清田 名人
発行所　　株式会社 内外出版社
〒110-8578　東京都台東区東上野2-1-11
電話 03-5830-0237（編集部）
電話 03-5830-0368（企画販売局）
印刷・製本　中央精版印刷株式会社

ISBN 978-4-86257-524-1